Brian Finch

W0047201

30 Minuten
für professionelles
Verhandeln

Die Deutsche Bibliothek – CIP-Einheitsaufnahme

Finch, Brian:
30 Minuten für professionelles Verhandeln /
Brian Finch. [Aus dem Engl. übers. von Ingrid Proß-Gill]. -
Offenbach : GABAL, 1999
   (30-Minuten-Reihe)
   Einheitssacht.: 30 minutes to negotiate a better deal <dt.>
   ISBN 3-930799-95-2

Aus dem Englischen übersetzt
von Ingrid Proß-Gill, Sankt Augustin

Redaktion: Sandra Klaucke, Frankfurt/Main
Umschlag und Layout:
Vitting & Wagner Kommunikation, Darmstadt
Satz: Borris Balzer, Frankfurt/Main
Titelbild (Fond): Sandra Winter, Darmstadt
Druck und Verarbeitung: Salzland Druck, Staßfurt

Hinweis:
Dieses Buch ist sorgfältig erarbeitet worden. Dennoch erfolgen alle Angaben ohne Gewähr. Weder Autor noch Verlag können für eventuelle Nachteile oder Schäden, die aus den im Buch gemachten Hinweisen resultieren, eine Haftung übernehmen.

Printed in Germany

ISBN 3-930799-95-2

In 30 Minuten wissen Sie mehr!

Dieses Buch ist so konzipiert, dass Sie in kurzer Zeit prägnante und fundierte Informationen aufnehmen können. Mit Hilfe eines Leitsystems werden Sie durch das Buch geführt. Es erlaubt Ihnen, innerhalb Ihres persönlichen Zeitkontingents (von 10 bis 30 Minuten) das Wesentliche zu erfassen.

Kurze Lesezeit
In 30 Minuten können Sie das ganze Buch lesen. Wenn Sie weniger Zeit haben, lesen Sie gezielt nur die Stellen, die für Sie wichtige Informationen beinhalten.

- Alle wichtigen Informationen sind blau gedruckt.

- Schlüsselfragen mit Seitenverweisen zu Beginn eines jeden Kapitels erlauben eine schnelle Orientierung: Sie blättern direkt auf die Seite, die Ihre Wissenslücke schließt.

- *Zahlreiche Zusammenfassungen innerhalb der Kapitel erlauben das schnelle Querlesen. Sie sind blau gedruckt und zusätzlich durch ein Uhrsymbol gekennzeichnet, so dass sie leicht zu finden sind.*

- Ein Register erleichtert das Nachschlagen.

Inhalt

Vorwort 6

1. Grundlagen des Verhandelns 8
Eine Übereinkunft suchen 9
Wer gewinnt? 10

2. Die Vorbereitung 12
Was sind Ihre Ziele? 13
Wer ist Ihr Verhandlungspartner? 15
Das Verhandlungsgespräch vorbereiten 19
Gehen Sie strategisch vor! 21
Checkliste für die Vorbereitung 23

3. Am Verhandlungstisch 24
Wer spricht zuerst? 25
Die Tagesordnung 26
Die Sitzordnung 28
Gemeinsame Interessen suchen 29
Mit Aggressionen umgehen 31
Drohung, Druck und Ultimatum 33
Den toten Punkt überwinden 35
Zugeständnisse und Gegenleistungen 37

4. Kommunikation und Körpersprache 44
Die Kunst des Zuhörens 45
Die Kunst des Sprechens 48
Die Kunst des Fragens 49
Kommunikationsstörungen 52
Bedeutung der Körpersprache 55

5. Strategien und Taktiken — 60

An der Ober- oder Untergrenze anfangen? — 61
Das erste Angebot machen oder reagieren? — 64
Die wichtigsten taktischen Varianten — 65
Ausweichmanöver und Spiel auf Zeit — 67
Zwischen Ausdauer und Zugeständnissen — 69

6. Die Nachbereitung — 72

Das Verhandlungsergebnis bestätigen — 74
Was nach der Verhandlung zu tun ist — 75
Die weitere Beziehung
zum Verhandlungspartner — 76

Register — 79

Vorwort

Wir alle verbringen unser ganzes Leben mit Verhandlungen – ob wir nun einen günstigeren Liefertermin aushandeln möchten, eine Gehaltserhöhung anstreben oder um einen Preisnachlass bitten. Verhandlungen gibt es nicht nur im Berufsleben, auch im privaten Bereich geht es ständig darum, einen Kompromiss zwischen den eigenen Wünschen und denen unserer Mitmenschen zu finden.

Erfolgsrezepte für das Berufs- und Privatleben
Die Verhandlungen in unserem Privatleben sind denen in der Geschäftswelt erstaunlich ähnlich; bei geschäftlichen Verhandlungen geht es jedoch meist um Zahlen mit mehr Nullen. Der Verhandlungsprozess als solcher unterscheidet sich kaum, ob Sie nun wegen eines Lecks in der Wasserleitung zu Hause mit dem Klempner verhandeln oder ob es um die Installation einer neuen Anlage in Ihrer Fabrik geht.

Dieses Buch zeigt einen konkreten Weg auf, wie man bei all diesen Verhandlungen bessere Ergebnisse erzielen kann. Es spricht Neulinge ebenso an wie erfahrene Verhandlungsführer, die ihre Methoden einmal überprüfen möchten. Die hier gemachten Vorschläge sind für Manager in großen Firmen oder Firmeninhaber genauso relevant wie beispielsweise für Leute, die bei der Stadtverwaltung oder im Bereich der Fürsorge arbeiten. Wir alle können mehr gewinnen und bessere Ergebnisse aushandeln.

Aufbau dieses Buches

- In Kapitel 1 geht es um die Grundlagen des Verhandelns – der Suche nach einer Übereinkunft, die beiden Seiten Vorteile bringt.
- Kapitel 2 gibt Ihnen Hinweise, wie Sie sich auf die Verhandlung optimal vorbereiten: Definieren Sie Ihre eigenen Ziele, und versuchen Sie die Ihres Verhandlungspartners zu erahnen.
- Wie Sie am Verhandlungstisch Ihre Interessen verfolgen, erfahren Sie in Kapitel 3.
- Die wichtige Rolle von Kommunikation und Körpersprache wird im 4. Kapitel behandelt.
- Die wichtigsten Strategien und Taktiken lernen Sie Schritt für Schritt im nächsten Kapitel: Sollte Ihr erstes Angebot an der Ober- oder Untergrenze liegen? Wer legt überhaupt das erste Angebot vor – Sie oder Ihr Verhandlungspartner? Ist es sinnvoll, auf Zeit zu spielen?
- Nicht zu vergessen ist die richtige Nachbereitung. Auch wenn Sie die Verhandlung bereits abgeschlossen haben, ist noch einiges zu tun, damit die Ergebnisse in die Tat umgesetzt werden können.

Dieses gut gegliederte Buch führt Sie durch alle Phasen einer Verhandlung. Sie lernen, souverän und gekonnt Ihre eigenen Interessen zu vertreten und dabei doch fair zu handeln. Sie werden sofort von Ihrem Wissen profitieren können.

1. Grundlagen des Verhandelns

Kennen Sie den Unterschied zwischen Verkaufen und Verhandeln?　　　　*Seite 9*

Was ist der zentrale Gedanke jeder Verhandlung?　　　　*Seite 9*

Wer gewinnt bei einer Verhandlung?　　　　*Seite 11*

Verhandeln und Verkaufen liegen nahe beieinander. Der Unterschied liegt lediglich in der Schwerpunktsetzung, denn Verkäufer konzentrieren sich mehr auf die Bedürfnisse der Kunden, während Verhandlungsführer ihre eigenen Bedürfnisse in den Vordergrund stellen.

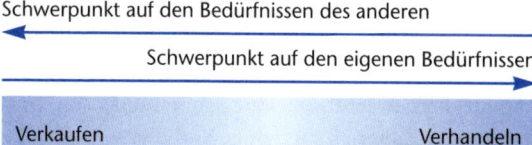

Schwerpunkt auf den Bedürfnissen des anderen

Schwerpunkt auf den eigenen Bedürfnissen

Verkaufen   Verhandeln

1.1 Eine Übereinkunft suchen

Zu erfolgreichem Verhandeln gehören nicht nur Härte und Ausdauer: Das Endergebnis erfolgreicher Verhandlungen ist immer eine Übereinkunft zwischen beiden Partnern. Wer im Verhandlungsprozess nur Härte zeigt, riskiert einen Zusammenbruch der Beziehungen.

Ver-handeln

Bei Verhandlungen geht es immer um einen Handel: Es muss zu einem gegenseitigen Austausch kommen. Wenn Sie jemanden um einen Gefallen bitten, ohne eine Gegenleistung zu bieten, kann man nicht von einer Verhandlung sprechen. Bei einem Handel muss die eine Seite nicht verlieren, damit die andere gewinnen kann. Die Parteien können unterschiedliche, aber nicht widerstreitende Interessen haben, oder es können sich Möglichkeiten ergeben, durch die beide einen Vorteil erlangen.

Vorteile für beide Seiten

Im Zentrum jeder Verhandlung sollte das Bemühen stehen, Situationen zu entdecken, zu schaffen oder zu entwickeln, in denen beide Parteien gewinnen, so dass sie zufrieden aus der Verhandlung gehen. Um zu erreichen, dass beide Seiten Vorteile erlangen, sollten Sie folgende Punkte berücksichtigen: gute Kommunikation, aufmerksames Zuhören, sorgfältige Vorbereitung und Planung. Vor allem aber ist eine entsprechende Einstellung wichtig, die Negatives vermeiden möchte. Wer von vornherein unnachgiebig ist, wird nie Bereiche gemeinsamer Interessen entdecken.

Das Wesen jeder Verhandlung besteht darin, dass beide Partner etwas geben und etwas bekommen. Jede Seite muss in diesem Austausch einen Vorteil für sich sehen.

1.2 Wer gewinnt?

Begehen Sie nicht den Fehler, vorschnell auf ein Angebot einzugehen. Sie bekommen sonst leicht das Gefühl, nicht ausreichend gehandelt zu haben. Denken Sie an folgende Situation: Ein Ehepaar bummelt in Marokko über einen Straßenmarkt. An einem der Stände entdecken sie ein Strandlaken, das beiden gut gefällt:
„Was kostet dieses Laken?" „200 Dirham."
„Ich gebe Ihnen 100 Dirham dafür." „In Ordnung!"

Die erfolgreichen Käufer hatten nach dem Kauf das Gefühl, nicht ausreichend gehandelt zu haben: Sie befürchteten, dass das Laken einen Mangel hatte oder dass sie zu viel bezahlt hatten. Sie hatten verhandelt, ohne sich darauf vorzubereiten – sie hatten sich nicht vorher an anderen Ständen umgesehen und daher kein Gefühl für die Preise bekommen.

Reale Bedingungen berücksichtigen

Einen wirklich offenen Markt gibt es natürlich nur in der Phantasiewelt der Ökonomen. Vermutlich hätte der Mann an keinem anderen Stand das gleiche Laken gefunden. In der realen Welt treten außerdem noch andere Komplikationen auf: Es ist heiß, man ist müde und durstig, der Markt ist groß, und man will nicht stundenlang herumlaufen, nur um 30 Dirham zu sparen. Es ist daher unsinnig, die Frage zu stellen, wer bei der Verhandlung gewonnen hat. Falls Sie selbst Ihre Ziele erreicht haben, haben Sie gewonnen – weshalb sollte es Ihnen etwas ausmachen, wenn auch die andere Seite gewonnen hat?

An jeder Verhandlung sind (mindestens) zwei Parteien beteiligt, die jeweils ihre Absichten durchsetzen möchten.
- *Ziel jeder Verhandlung ist, eine Übereinkunft zu finden, bei der jede Partei etwas gewinnt und zugleich etwas gibt.*
- *Jeder Verhandlungspartner muss abschließend das Gefühl haben, etwas gewonnen zu haben.*

2. Die Vorbereitung

*Haben Sie Ihre Verhandlungsziele
bereits festgelegt?* *Seite 13*

*Wissen Sie, was Ihr Verhandlungs-
partner erreichen möchte?*
Seite 16

*Wie können Sie das Verhandlungs-
gespräch optimal vorbereiten?*
Seite 19

Es gibt viele Gründe, warum Sie schon vor Verhandlungsbeginn ausreichend Zeit in die Vorbereitungen stecken und sich möglichst gut informieren sollten:

- Bei jedem Geschäft geht es um Geld, Glaubwürdigkeit und Chancen. Verhandeln Sie um Millionenbeträge, lohnt es sich, sehr viel Zeit für die Vorbereitung aufzubringen. Doch auch wenn man nur ein Strandlaken kaufen will, sollte man sich etwas vorbereiten, sich z. B. kurz bei anderen Ständen umsehen.
- Bei jeder Besprechung investieren Sie Ihre Glaubwürdigkeit und Ihren guten Ruf bei Ihren Kollegen, Freunden und Verhandlungspartnern. Daher kann sich jede Besprechung auf Ihre berufliche Zukunft auswirken.
- Zeit und Energie sind knappe Ressourcen. Eine gründliche Vorbereitung hilft, die eigentliche Verhandlungsdauer sowie die Nacharbeitungsphase zu vekürzen.

2.1 Was sind Ihre Ziele?

Was sollen die anstehenden Verhandlungen Ihnen oder Ihrer Firma bringen? Diese Ziele können Sie mit Hilfe einiger Strategien und Taktiken erreichen.

Ihre Ziele müssen

- vernünftig sein. – Ist es vernünftig, um jeden Preis auf Kosten der anderen Seite Punkte machen zu wollen?
- miteinander vereinbar sein. – Stehen die definierten Ziele untereinander und mit Ihren Interessen im Einklang?

- erreichbar sein. – Oft setzt man sich für Verhandlungen Ziele, die gar nicht erreichbar sind; das kostet sehr viel Zeit.
- klar umrissen sein. – Die Ziele müssen so klar definiert werden, dass man sie in geplante Aktionen umsetzen kann.
- messbar sein. – Wenn Ihre Ziele sich nicht messen lassen, können Sie gar nicht feststellen, wann Sie sie erreicht haben.

Ziele definieren

Was ist Ihnen neben dem Preis noch wichtig – der Service, die Qualität, der Liefertermin? Quantifizieren und bewerten Sie jedes Ihrer Ziele: Welchen Umfang soll der Service haben, mit welchem Minimum könnten Sie sich zufrieden geben? Sie müssen eine Möglichkeit finden, solche Faktoren zu definieren: Geht es um Geräte, die 97 Prozent der Zeit in Betrieb sind oder die niemals länger als zwei Stunden abgeschaltet werden? Auch wenn Sie schon ein erfahrener Verhandlungsführer sind, sollten Sie Ihre Ziele schriftlich festhalten.

Ihr letztes Angebot

Überlegen Sie sich vor Verhandlungsbeginn, wo Ihr „letztes Angebot" liegt – der niedrigste Preis, den Sie noch akzeptieren wollen, oder der höchste Preis, den Sie zu zahlen bereit sind. Das gilt für den Kauf eines Strandlakens auf einem Straßenmarkt genauso wie für Geschäfte, bei denen es um Millionen geht.

Bei komplizierteren Geschäften müssen beide Seiten sich über sehr viele Dinge einigen; in einem solchen Fall brauchen Sie nicht für alle Kleinigkeiten Ihre Grenzen abstecken. Es reicht, wenn Sie die entscheidenden Punkte definieren, bei denen Sie keine Abstriche machen können und wollen. Konzentrieren Sie sich auf die wichtigen Aspekte, versuchen Sie kreativ zu denken. Behalten Sie Ihre Interessen im Auge. Wenn Sie Ihr „letztes Angebot" schon vor Verhandlungsbeginn definieren, besteht nicht die Gefahr, dass Sie sich in der Hitze des Gefechts mitreißen oder sich psychologisch darauf festnageln lassen, das Geschäft abzuschließen. Natürlich ist das „letzte Angebot" nicht unverrückbar, sondern kann sich im Laufe der Verhandlungen durchaus ändern. Dies ist sinnvoll, wenn Sie von falschen Voraussetzungen ausgegangen sind oder die Kompromissbereitschaft des Partners falsch eingeschätzt haben.

Versuchen Sie stets, den Überblick zu behalten, und scheuen Sie auch nicht davor zurück, die Verhandlung abzubrechen, wenn das Geschäft uninteressant wird.

Setzen Sie sich vor Verhandlungsbeginn genaue Ziele, die Sie erreichen möchten, z. B. Ihr „letztes Angebot". Quantifizieren und bewerten Sie diese Ziele, damit Sie flexibel reagieren können.

2.2 Wer ist Ihr Verhandlungspartner?

Bevor man verhandelt, sollte man versuchen, den anderen zu verstehen. Was treibt ihn an? Was will er erreichen? Von welchen Punkten wird er nicht abgehen? Machen Sie sich eine Vorstellung davon, was er erreichen möchte, und gehen Sie Ihre eigenen Ziele daraufhin noch einmal in Gedanken durch. Wenn Sie verstehen, was Ihr Gegner oder Partner erreichen will, können Sie auf dieser Grundlage eine Verhandlungsstrategie entwickeln.

Was möchte Ihr Verhandlungspartner?

Vielleicht will der andere gar kein Geschäft abschließen, sondern ist nur an Informationen über Ihre Firma interessiert? Ein Konkurrent könnte beispielsweise mit Ihnen verhandeln, um Firmeninterna zu erfahren und Gerüchte in die Welt setzen zu können. Ein anderer will möglicherweise nur abschließen, wenn der Preis sehr niedrig ist.

Seine Absichten erkennen

Versuchen Sie, die wahre Motivation Ihres Verhandlungspartners zu ergründen. Dazu können Sie

- ihm zunächst nur in begrenztem Umfang Informationen geben und ihn zu einem vorläufigen Angebot auffordern
- die Einschaltung eines angesehenen Vermittlers verlangen
- eine Auktion durchführen
- eine Anzahlung fordern, durch die die andere Seite beweisen kann, dass es ihr ernst ist.

Eine Beziehung aufbauen

Was ist eine langfristige Beziehung zu Ihrem Verhandlungspartner wert? Wenn wir eine Beziehung zu anderen aufbauen, können wir uns daran gewöhnen, wie wir miteinander sprechen. Wir lernen, uns gegenseitig zu vertrauen, wir verstehen die Organisationsabläufe in der anderen Firma und finden neue Wege, um Geschäfte abzuschließen, die beiden Seiten zum Vorteil gereichen. Auch nach harten Verhandlungen wird die Beziehung bestehen bleiben, sofern sie beiden Seiten Vorteile bringt.

An die Zukunft denken

Verhandeln Sie um ein einmaliges Geschäft, oder pflegen Sie mit Ihren Verhandlungspartnern eine schon länger bestehende Beziehung? Einen für die andere Partei schlechten Abschluss könnte diese bei nächster Gelegenheit ausgleichen wollen. Daran sollten Sie denken, wenn Sie die „Verhandlungstemperatur" erhöhen. Für denjenigen, der etwas verkauft oder liefert, ist eine langfristige Beziehung gleichbedeutend mit:

- wenig Arbeit. – Die Kunden kaufen immer wieder; diese fast wie von selbst laufenden Beziehungen bringen die höchsten Gewinne.
- Freundschaft. – Einem „Kumpel" gegenüber verhält man sich im Allgemeinen fair.

Was denkt Ihr Verhandlungspartner?

Wer verhandeln will, muss die grundlegenden Wertvorstellungen und Überzeugungen seines Verhandlungspartners zu erkennen versuchen. Daher ist die Fähigkeit, gut zuzuhören und die richtigen Fragen zu stellen, in solchen Situationen sehr wichtig. Gehen Sie immer davon aus, dass Ihr Verhandlungspartner gesunden Menschenverstand besitzt, berücksichtigen Sie aber auch mögliche außergeschäftliche Interessen und die normale Bandbreite von Gefühlen.

Alle Eventualitäten berücksichtigen
Angenommen, Sie sind bei einer Verhandlung in der weitaus besseren Position und haben Ihren Verhandlungspartner, einen schwachen Menschen, so mit Worten überschüttet, dass ihm – Ihrer Meinung nach – nichts anderes übrig bleibt, als auf Ihr Angebot einzugehen. Haben Sie aber auch daran gedacht, dass er sich einem anderen Anbieter zuwenden könnte, da Sie nicht auf seine Vorstellungen eingegangen sind?

Mit mehreren verhandeln
Wir sprechen von der „anderen Seite", als ob es sich dabei nur um eine einzige Person handelte. Tatsächlich kann sie natürlich aus mehreren Leuten bestehen, deren Blickwinkel nicht identisch ist und die ganz unterschiedlich an die Sache herangehen. Versuchen Sie in diesem Fall herauszufinden, was die Einzelnen denken. Sie können beispielsweise gezielte Fragen stellen. Achten Sie darauf, wer was sagt, und denken Sie über die Motivation der Betreffenden nach. Ein Geschäft, das sehr gut voranzukommen scheint, kann ganz plötzlich aus dem Ruder laufen, weil jemand, der bis dahin nichts gesagt hat, dem Vorsitzenden gegenüber außerhalb der Besprechung eine Bemerkung fallen lässt. Wenn die andere Seite sich nicht einig ist, kann sich das leicht auch auf Sie auswirken!

 Überlegen Sie im Vorfeld, mit wem Sie verhandeln. Welche Motive hat er, was möchte er erreichen? Versuchen Sie, eine langfristige Beziehung zu ihm aufzubauen.

2.3 Das Verhandlungsgespräch vorbereiten

Da Zeit kostbar ist, sollte bei jeder Besprechung etwas herauskommen. Tauschen Sie schon vorher Informationen mit dem Verhandlungspartner aus, damit Sie während der Besprechung medias in res steigen können. Über komplizierte Unterlagen können Sie ohnehin nicht sprechen, ohne sie vorher gelesen zu haben.

Finden Sie heraus, durch wen die andere Partei vertreten sein wird, und stellen Sie Ihr eigenes Team entsprechend zusammen. Wenn Ihr Verhandlungspartner seinen Vorsitzenden schickt, könnte es ratsam sein, dass auch Ihr eigener Vorsitzender an der Besprechung teilnimmt.

Sich rechtzeitig informieren

Zu Ihrer Vorbereitung müssen Gespräche mit Ihren Kollegen, mit Fachleuten und vielleicht auch mit anderen, die in der gleichen Branche arbeiten, gehören. Es reicht in den meisten Fällen nicht, vor der Besprechung oder einem Telefongespräch schnell noch einen Ordner durchzugehen. Bereiten Sie Ihre Unterlagen möglichst früh vor, verschieben Sie das nicht auf die letzte Minute. Es darf niemals vorkommen, dass Sie nicht alle wichtigen Unterlagen zu einer Verhandlung mitnehmen können, weil Sie sie nicht gefunden haben!

Raum und Ausstattung

Auch der Ort, an dem die Besprechung stattfindet, und seine Ausstattung sind wichtig. Wie viele Teilnehmer werden erwartet? Es tut weder Ihrem Ruf noch Ihrem Selbstvertrauen gut, wenn zwanzig Minuten für den Umzug in einen größeren Raum draufgehen. Brauchen Sie Telefone, Fotokopier- oder Faxgeräte?

Wie steht es mit Kaffee, Keksen oder belegten Brötchen? Erfrischungen und Pausen sind wichtig, damit die Konzentration und die Effektivität nicht absinken. Können Sie ein Zeichen geben, wenn die Brötchen hereingebracht werden sollen? Es könnte in Ihrem Interesse sein, eine Pause aufzuschieben oder vorzuziehen.

Themen genau eingrenzen

Ist Ihnen klar, warum die Besprechung stattfindet? Wenn sich herausstellen sollte, dass auch Themen behandelt werden, auf die Sie nicht vorbereitet sind, verlieren Sie leicht an Boden. Es kommt gar nicht selten vor, dass jemand eine Besprechung zu einem bestimmten Thema einberuft und dann einen ganz anderen Punkt einführt – zum Beispiel mit den Worten „ach übrigens, ...“

1. Erkundigen Sie sich vorher, was genau verhandelt werden soll.
2. Bitten Sie um eine Tagesordnung, oder legen Sie eine eigene vor.
3. Vermeiden Sie, über Punkte zu sprechen, auf die Sie nicht vorbereitet sind.

Bereiten Sie das Verhandlungsgespräch sorgfältig vor, indem Sie sich alle sachlichen Informationen besorgen. Denken Sie auch daran, sich um den Besprechungsraum, die technische Ausstattung sowie eventuell Getränke und Verpflegung zu kümmern.

2.4 Gehen Sie strategisch vor!

Auch wenn die Verhandlung nicht von Ihrer Seite einberufen wurde und Sie nicht der Führer Ihres Teams
sind, so ist es doch auch Ihre Besprechung, die Sie
gewinnen oder verlieren können. Jedes Mitglied eines
Verhandlungsteams ist für den Erfolg der einzelnen
Besprechungen (und das endgültige Verhandlungsergebnis) mitverantwortlich, denn sonst brauchte es gar
nicht daran teilzunehmen. Jeder Einzelne sollte darüber
nachdenken, welche Interessen und Ziele sein Team verfolgt und wie er persönlich diese Interessen und Ziele
voranbringen kann.

Strategisch denken

Man kann sich die Verhandlungsparteien als zwei geg-
nerische Armeen vorstellen. Ihre grundlegenden Interessen werden durch das Terrain repräsentiert, auf dem
sie sich befinden, ihre Verhandlungspositionen durch
ihre Truppenaufstellung. Die Ziele jeder Partei liegen
darin, dass ihre Truppen während der Schlacht bestimmte Gebiete erobern sollen, die teilweise von der
anderen Seite besetzt sind. Ihre Strategie ist der Gesamt-
plan, nach dem ihre Truppen aus den gegenwärtigen
Positionen zu den Zielen vorrücken sollen, und ihre
Taktik besteht aus den detaillierten Scheinangriffen,
Attacken und Rückzügen, durch die diese Strategie
umgesetzt werden soll.

Konzentrieren Sie sich jedoch nicht so sehr auf die taktischen Manöver und die Verhandlungspositionen, dass
Sie das Gesamtziel aus dem Blick verlieren! Gute Stra-
tegen stellen ihre Ziele über Einzeltaktiken.

Beide Parteien verhandeln über Land (Interessen), bis ihre Frontlinien an einen Punkt gelangt sind, an dem beide das gleiche Stück Land besetzen wollen. Dann gibt es drei Möglichkeiten:

1. Sie können eine kreative Lösung aushandeln, die eine gemeinsame Besetzung möglich macht.
2. Jede Partei kann einen Teil des Landes beanspruchen.
3. Eine der beiden Parteien gewinnt.

In der Vorbereitungsphase sollten Sie sich überlegen, welche Ziele Sie verfolgen und welche Interessen Ihr Verhandlungspartner haben könnte.

- *Legen Sie für sich Ziele fest, die vernünftig, erreichbar, klar umrissen und messbar sein müssen.*
- *Versuchen Sie, die Motivation Ihres Verhandlungspartners zu ergründen, und stimmen Sie Ihre Taktik darauf ab.*

Checkliste für die Vorbereitung

- Wer hat die Verhandlung einberufen?
- Was soll genau besprochen werden?
- Wer wird daran teilnehmen?
- Welche Ziele wollen Sie erreichen?
- Welche Alternativen haben Sie?
- Wo liegt Ihr letztes Angebot?
- Verstehen Sie, um welche Punkte es im Einzelnen geht?
- Haben Sie sich die Unterlagen und Zahlen angesehen?
- Haben Sie mit wichtigen Kollegen gesprochen?
- Müssen Sie einen Fachmann hinzuziehen?
- Besitzen Sie die erforderliche Vollmacht?
- Haben Sie klare Anweisungen, oder müssen Sie solche Richtlinien noch einholen?
- Mit wem verhandeln Sie?
- Welche Interessen dürfte er verfolgen?
- Hatten Sie oder Ihre Firma schon früher Kontakte zu diesem Partner?
- Was ist der Ausgangspunkt für diese Verhandlung, gab es Vorverhandlungen?
- Welcher Verhandlungsstil ist unter den gegebenen Umständen der beste?

3. Am Verhandlungstisch

*Wie gehen Sie mit Aggressionen
um?*   Seite 31

*Wodurch unterscheiden sich
Drohung und Ultimatum?*
                       Seite 33

*Wissen Sie, wann Sie Zugeständ-
nisse machen können?*   Seite 40

Zu Beginn einer jeden Besprechung kommt es zum Austausch gewisser Rituale, durch die eine „Hackordnung" festgelegt wird. Vielleicht wenden Sie Ihre Aufmerksamkeit einem möglichen Kunden zu, müssen dann aber feststellen, dass sein Finanzfachmann, den Sie nicht beachtet haben, sich quer legt. Wenn Sie die Dynamik des anderen Teams, die aus den ersten Bewegungen ersichtlich gewesen sein könnte, verstanden hätten, hätten Sie anders vorgehen können. Hören Sie den Leuten zu, die bei der Eröffnung dabei sind; merken Sie sich ihre Namen und ihre Funktion. Falls diese Funktion nicht deutlich geworden ist, sollten Sie sich danach erkundigen.

Die Eröffnungsrituale

Zunächst dürften einige freundliche Bemerkungen ausgetauscht werden. Das gehört zu der Besprechung – die Verhandlungen haben schon angefangen! Die beiden Parteien stellen auf diese Weise eine gewisse persönliche Harmonie her und informieren sich über die Interessen und Verhandlungspositionen der jeweils anderen. Sie versuchen herauszufinden, wer im anderen Team etwas zu sagen hat, ob es Parteien gibt, die nicht vertreten sind, ob die Anwesenden Verhandlungsvollmacht haben usw.

3.1   Wer spricht zuerst?

Nach den Eröffnungsritualen muss irgendjemand das Wort ergreifen und den Boden für das folgende Gespräch bereiten. Diese ersten Äußerungen sind sehr wichtig, denn jede Seite gibt damit Einblick in ihre grundlegenden Interessen und Ziele. Oft kommt es dabei zu Positionskämpfen, da keine der beiden Parteien ihre Karten zu früh auf den Tisch legen will.

Meist spricht zuerst, wer die Verhandlung einberufen hat und zeigen will, dass er der Herr im Hause ist. Ergreift dagegen der Besucher zuerst das Wort, signalisiert er damit eine aggressive Vorgehensweise. Wer seine Position zuerst darlegt, hat die Möglichkeit, den ganzen Prozess zu steuern. „Danke, dass Sie gekommen sind ... Ich möchte zunächst unsere Position kurz darlegen ... Können Sie uns nun sagen, wie Sie diese Probleme ausräumen können?"

Zur Reaktion gezwungen

Die andere Partei muss auf die Worte des ersten Sprechers reagieren; es ist sehr schwierig für sie, seine Worte zu ignorieren und das zu sagen, was sie ursprünglich als Eröffnung vorgesehen hatte. Eine Möglichkeit wäre folgende: „Danke für diese Einführung; bevor ich mich mit den Punkten befasse, die Sie angeschnitten haben, möchte ich aber ..."

 Meist eröffnet die Partei das Gespräch, die eingeladen hat. Wer zuerst spricht, kann das Gespräch lenken.

3.2 Die Tagesordnung

Wer eine Tagesordnung vorlegt, gibt die Richtung des Gesprächs vor. Wenn Sie die Tagesordnung erstellen, haben Sie entschieden, welche Angelegenheiten besprochen werden sollen und in welcher Reihenfolge das geschehen soll.

- Sie könnten beispielsweise die besonders umstrittenen Punkte spät angesetzt haben, so dass am Anfang durch schnelle Fortschritte ein Erfolgsgefühl entsteht. Themen, über die Sie am liebsten gar nicht sprechen würden, könnten Sie ans Ende gestellt haben – in der Hoffnung, dass sie aus zeitlichen Gründen nicht mehr besprochen werden können.
- Wenn Sie Punkte, bei denen Sie kompromissbereit sind, an den Anfang stellen, könnte die andere Seite sich verpflichtet sehen, Ihnen ebenfalls entgegenzukommen. Nachdem Sie ihr mehrere Zugeständnisse gemacht haben, können Sie bei einem Punkt, den Sie unbedingt gewinnen müssen, verlangen, dass sie nun ihrerseits mit sich reden lässt.
- Außerdem können Sie einen Punkt, der der anderen Seite sehr wichtig ist, ans Ende setzen, weil sie den früheren Punkten dann vielleicht schneller zustimmt, um den für sie entscheidenden Punkt besprechen zu können. Andererseits könnte sie aber anführen, dass sie Ihnen bereits Zugeständnisse gemacht hat und das jetzt auch von Ihnen erwartet.

Wenn es nicht angebracht ist, eine offizielle Tagesordnung zu verteilen, sollten Sie sich zumindest für den eigenen Gebrauch Notizen machen.

Die Tagesordnung kann eine Verhandlung entscheidend beeinflussen, da sie festlegt, welche Punkte in welcher Reihenfolge besprochen werden.

3.3 Die Sitzordnung

Machen Sie sich Gedanken über die Sitzordnung. Sie ist aus mehreren Gründen wichtig für die Verhandlungsführung:

- Sie gibt die Rangordnung wieder. Am Kopf eines rechteckigen Tisches sitzt im Allgemeinen der Ranghöchste. Der im Rang zweithöchste Teilnehmer sitzt oft daneben. Es kann zu Ärger und Verwirrung führen, wenn man diese Regeln nicht beachtet.
- Sie hat psychologische Wirkung. Da runde Tische viel Platz wegnehmen, wird nur selten an ihnen verhandelt; Untersuchungen haben aber ergeben, dass sie besonders günstig sind, um eine gute Zusammenarbeit zu erreichen. Sie brechen das mit dem Sich-gegenüber-Sitzen an eckigen Tischen verbundene Bild der Konfrontation auf. Wenn mehr als zwei Parteien bei der Verhandlung anwesend sind, können die Teams gemischt sitzen.
- Wenn die Parteien jeweils an einem Ende eines länglichen Tisches sitzen, herrscht bei der Besprechung eine stärker kooperative Atmosphäre, als wenn die Mitglieder der einzelnen Teams sich jeweils gegenübersitzen.
- Sich an einem rechteckigen Tisch gegenüberzusitzen, kann einschüchternd sein, wenn eine der Parteien zahlenmäßig stärker vertreten ist.

Wenn Sie im eigenen Büro verhandeln

Falls Sie eine Verhandlung in Ihrem Büro einberufen haben und eine Atmosphäre der Zusammenarbeit schaffen wollen, sollten Sie hinter Ihrem Schreibtisch hervortreten, wenn die andere Partei hereinkommt, sie begrüßen und dann neben ihr Platz nehmen. Wenn Sie sich dagegen auf Ihren Schreibtisch setzen, signalisieren Sie damit, dass Sie sich auf Ihrem eigenen Terrain (in Ihrem Büro) befinden und einen höheren Status haben (weil Sie höher sitzen), und wirken damit einschüchternd.

Die Sitzordnung gibt eine gewisse Rangordnung wieder und sollte daher sorgfältig erstellt werden. Berücksichtigen Sie diesbezüglich auch die Anordnung der Tische.

3.4 Gemeinsame Interessen suchen

Treten Sie Ihrem Verhandlungspartner aufgeschlossen gegenüber, damit Sie gemeinsame Interessen entdecken können. Das ist sehr wichtig! Wenn Sie beispielsweise nur über den Preis verhandeln, haben Sie keinen Spielraum für ein Ergebnis, das beiden Seiten Vorteile bringt. Sie wollen dann X bezahlen, obwohl Ihr Partner Y verlangt. In einer solchen Situation können Sie zu einer Einigung kommen, indem Sie beispielsweise anbieten, eine größere Menge abzunehmen.

Je mehr Punkte in die Verhandlung einbezogen werden, desto eher kann ein für beide Seiten vorteilhafter Abschluss erreicht werden. Beziehen Sie Preis, Qualität, Service und Lieferbedingungen mit ein. Jede dieser Dimensionen kann komplexer sein, als es zunächst den Anschein hat. Nehmen wir als Beispiel den Service: Ich fordere für die Wartung von Geräten einen Preisnachlass von 30 Prozent. Die betreffende Firma lehnt das ab, bietet aber an: „Brauchen Sie auch eine Wartung an Sonntagen?" Schließlich einigen wir uns auf eine kürzere Bereitschaftszeit, die meine Bedürfnisse erfüllt und von der anderen Seite mit relativ geringem Kostenaufwand angeboten werden kann.

Vermittler und Berater einschalten
Bei geschäftlichen Verhandlungen wird oft ein Vermittler hinzugezogen, der eine Lösung finden kann, wenn gegensätzliche Positionen scheinbar nicht mehr aufeinander zuzubewegen sind.

- Wenn die beiden Parteien sich entzweien oder in unterschiedlichen Positionen festgefahren sind, kann der Vermittler als „ehrlicher Unterhändler" agieren.
- Da der Vermittler keine Vollmacht für einen Abschluss hat, kann er die verschiedensten Möglichkeiten ausloten, ohne dass damit eine Festlegung verbunden wäre.

Berücksichtigen Sie jedoch, dass Berater zwar wichtiges Fachwissen mitbringen, dem Abschluss des Geschäfts aber auch unabsichtlich im Weg stehen können. Es liegt ja im Eigeninteresse des Beraters, seine Nützlichkeit zu beweisen, damit er auch in Zukunft engagiert wird. Deshalb mischt er sich vielleicht auch dann ein, wenn seine Dienste gar nicht benötigt werden.

 Versuchen Sie immer, gemeinsame Interessen mit Ihrem Verhandlungspartner zu finden. Halten Sie dazu Ihre Ziele flexibel, verhandeln Sie auch über Randbedingungen.

3.5   Mit Aggressionen umgehen

Oft ist eine Partei gar nicht daran interessiert, nach gemeinsamen Interessen zu suchen. Sie will gewinnen und benutzt daher die verschiedensten Methoden, um Sie „reinzulegen", auch wenn Sie selbst alles daran setzen, beiderseitige Vorteile zu entdecken. Wie können Sie sich gegen dieses Vorgehen wehren? Könnte es sich für Sie auszahlen, wenn Sie sich trotzdem weiter kooperativ zeigen? Möglicherweise gibt es gar keine beiderseitigen Vorteile, z. B., wenn der Preis das allein entscheidende Kriterium ist. Eine solche Situation tritt vor allem dann auf, wenn es sich um ein einmaliges Geschäft handelt, wenn Sie keine längerfristige Beziehung aufbauen. Zu absichtlichen Täuschungen kommt es gewöhnlich nur, wenn die Parteien wissen, dass sie nie wieder miteinander zu tun haben werden.

Aggressionen ablenken
Aggressive Verhaltensweise kann sich in extremen Forderungen, großer Lautstärke oder entsprechender Körpersprache (mit der Faust auf den Tisch schlagen) äußern. Der andere will Sie dadurch verunsichern und aus dem Konzept bringen, so dass Sie ihm eigentlich nicht vorgesehene Zugeständnisse machen. Gleichzeitig will er Ihre Erwartungen herunterschrauben, damit Sie das Gefühl bekommen, dass Sie Ihr Ziel nicht erreichen werden. Sie haben mehrere Möglichkeiten, mit aggressivem Verhalten Ihres Gesprächspartners umzugehen:

1. Sie machen ursprünglich nicht vorgesehene Zugeständnisse – damit hat der Aggressor gewonnen.

2. Sie reagieren Ihrerseits aggressiv – das führt letztendlich dazu, dass das Gespräch zusammenbricht.
3. Sie gehen einfach – dann könnte ein Geschäft, für das es durchaus Erfolgsaussichten gegeben hätte, nicht zustande kommen, so dass beide Seiten verlieren.
4. Sie wehren den Angriff ab und gehen zu produktiven Verhandlungen über. Lassen Sie in keinem Fall zu, dass die andere Seite Sie zum Opfer macht!

Der Teufelskreis der Aggressionen

Viele Verhandlungsführer versuchen, die andere Seite durch einen massiven Frontalangriff auszuschalten. Das kann funktionieren, wenn eine dominante Persönlichkeit auf eine gefügigere trifft oder wenn eine starke Verhandlungsposition einer schwachen gegenübersteht. Gewöhnlich ist dieses aggressive Vorgehen aber ein Fehler.

Ein solches Verhalten zieht in der Regel nämlich ein spiegelbildliches Verhalten nach sich, die Verhandlungspartner begegnen sich feindselig und können kaum noch auf ein problemlösendes Verhalten umschalten. Wenn Sie beispielsweise bei einem unangenehmen Menschen die Beherrschung verlieren, werden Sie sich vielleicht besser fühlen. Zugleich schaden Sie damit aber Ihren Verhandlungsinteressen.

Es ist schwierig, eine aggressive Verhandlung zu beruhigen. Machen Sie dem Aggressor gegebenenfalls ein Zugeständnis, das es ihm ermöglicht, sein Gesicht zu wahren und sich vernünftiger zu verhalten. Ihr Zugeständnis sollte einen Punkt betreffen, der nicht allzu wichtig ist.

3.6 Drohung, Druck und Ultimatum

Drohungen bergen generell die Gefahr in sich, dass die Verhandlung in eine Sackgasse gerät oder der Verhandlungspartner zurückschlägt, so dass die Situation eskaliert. Dies ist häufig der Fall, da eine Drohung die Würde des anderen angreift. Denken Sie daher an die möglicherweise langfristige Beziehung: Müssen Sie mit diesen Leuten leben, und wird es sich negativ für Sie auswirken, wenn sie sich beleidigt fühlen?

Eine Drohung aussprechen
Bevor Sie eine Drohung aussprechen, sollten Sie über die folgenden Punkte nachdenken:
- Ist die Drohung glaubhaft? Sie dürfen niemals leere Drohungen ausstoßen, die die andere Seite Ihnen nicht abnimmt.
- Welche anderen Möglichkeiten gibt es? Was werden Sie tun, falls Ihr Verhandlungspartner ablehnt?

Drohungen können auf ganz unterschiedliche Weise verstärkt werden: Man kann beispielsweise vor Gericht gehen oder zur Konkurrenz abwandern. Wenn Sie aber zu oft Drohungen aussprechen, verlieren sie ihre Wirksamkeit, und der Adressat nimmt an, dass Sie nur bluffen. Trotzdem liegt der Zweck einer Drohung gerade darin, sie nicht in die Tat umzusetzen.

Auf eine Drohung reagieren
- Wägen Sie zunächst die Drohung ab. – Was wird es Sie kosten, wenn sie in die Tat umgesetzt wird, und welche Möglichkeiten stehen Ihnen offen?

- Denken Sie darüber nach, wie Sie reagieren können.
  – Sie können auf Ihrem Standpunkt beharren, sich geschlagen geben, zu einem Bluff greifen oder das ganze Problem umgehen, indem Sie die Verhandlung auf eine breitere Basis stellen: „Ich verstehe, warum Ihnen die Lieferzeit so wichtig ist; Sie sollten aber einmal das Gesamtpaket aus Preis, Qualität und Lieferung betrachten ..."

Druck

Drohungen sind darauf angelegt, nicht ausgeführt zu werden. Druck auszuüben heißt dagegen, Macht tatsächlich auszuüben – und zwar oft in einem Bereich, der außerhalb des Verhandlungsgegenstands liegt. So kann eine Gewerkschaft sich im Hinblick auf Überstunden wenig entgegenkommend zeigen, wenn es ihr eigentlich um eine Lohnforderung geht.

Ultimatum

Ein Ultimatum ist formeller als eine Drohung; sein Hauptbestandteil ist eine Fristsetzung: „Wenn Sie das nicht bis zum Zeitpunkt X tun, dann ..."

Ultimaten sind nur wirkungsvoll, wenn Sie bereit sind, auch so zu handeln, wie Sie angedroht haben, denn Ihr Erfolg hängt davon ab, dass die andere Seite Ihnen glaubt. Sie müssen daher ein bisschen schauspielern, um sie davon zu überzeugen, dass Sie es ernst meinen. Zu einem erfolgreichen Ultimatum gehören eine glaubhafte Drohung, die Entschlossenheit, sie auch in die Tat umzusetzen, die unmissverständliche Forderung nach einer einfachen Reaktion und eine Fristsetzung.

Wenn Sie mit Ihrem Ultimatum mehrere Punkte abdecken, geben Sie Ihrem Verhandlungspartner die Möglichkeit, auf folgende Weise zu antworten: „Punkt 1 und 2 kann ich zustimmen, nicht aber Punkt 3 und 4 ..." Dann sind Sie erneut bei der Verhandlung der Details angelangt, und es ist schwierig, ein Ultimatum zweimal auszusprechen. Stellen Sie Ihr Ultimatum daher so, dass die Antwort nur Ja oder Nein sein kann, nicht „Ja, aber ...".

Das Gesicht wahren
Sind die Verhandlungen in eine Sackgasse geraten, sollten Sie es der anderen Partei ermöglichen, ihre Würde zu wahren; sonst könnte sie Vereinbarungen ablehnen, um nicht das Gesicht zu verlieren.

Drohung, Druck und Ultimatum sollten Sie nur ganz selten einsetzen. Wenn Sie ein Ultimatum setzen, müssen Sie es im Zweifelsfall auch wirklich umsetzen.

3.7   Den toten Punkt überwinden

Viele Verhandlungen gelangen irgendwann an einen Punkt, an dem sie festgefahren sind und niemand weiß, wie man weiterkommen könnte. Die Parteien gleichen dann zwei Armeen, die sich im Kampf ineinander verbissen haben, wobei keine Seite die Oberhand gewinnen kann, es andererseits aber auch keiner möglich ist, sich zurückzuziehen. Ihre Aufmerksamkeit ist so stark auf die Einzelheiten der Schlacht konzentriert, dass sie sogar vergessen können, worum sie eigentlich kämpfen.

Auf das eigentliche Problem konzentrieren
In solchen Fällen kann es sehr hilfreich sein, alle Parteien an einen Tisch zu bringen, um Wege zur Lösung des gemeinsamen Problems zu finden. Das setzt natürlich voraus, dass jede Seite einen Teil der Verantwortung für die Situation übernimmt. Wenn sich Ihr Verhandlungspartner auf den Standpunkt stellen sollte, dass die Situation Ihr Problem sei, müssen Sie ihm zeigen, dass es kein Geschäft geben wird, wenn das Problem nicht gelöst werden kann.

Es muss immer wieder betont werden, dass es Ihnen nur dann gelingen kann, Probleme zu lösen, wenn das wahre Problem klar ist, nicht nur der oberflächliche Anschein. Fragen Sie daher noch einmal nach: „Worum geht es bei diesem Geschäft wirklich? Haben wir uns bei einem eigentlich unwesentlichen Aspekt festgefahren?"

Eine neue Person hinzuziehen
Sie können einen toten Punkt auch überwinden, indem Sie schwere Artillerie einsetzen. So könnte der Geschäftsführer einer Firma, der bisher nicht an den Verhandlungen beteiligt war, hinzugezogen werden. Er kann der anderen Partei Zugeständnisse machen, zu denen Sie selbst sich nicht offen bereit finden wollen, indem er seine Entscheidungsgewalt scheinbar gegen Sie einsetzt. Manchmal wird er auch Zugeständnisse machen können, die außerhalb Ihrer eigenen Befugnisse liegen. Der Betreffende wird meist nur so lange an den Verhandlungen teilnehmen, bis die größten Hindernisse aus dem Weg geräumt sind, so dass noch viel Feinarbeit zu tun übrig bleibt.

Das Tempo der Verhandlung

Verhandlungen entwickeln ihr eigenes Tempo. Wenn es zu langsam vorwärts geht, langweilen sich die Beteiligten; sie werden müde und halten dann nur umso hartnäckiger an ihrer Position fest. Wenn sie dagegen schnelle Fortschritte sehen, werden sie angespornt, und sie legen neue Energie und mehr Begeisterung an den Tag. Sie arbeiten dann härter daran, eine Lösung zu finden, und sind eher zu Zugeständnissen bereit.

Wenn eine Verhandlung sich in die Länge zieht, verschlechtern sich die Erfolgsaussichten; dann ist es am besten, sich zu vertagen. Man sollte aber nie auseinander gehen, ohne zumindest kleine Fortschritte (die eine positive Stimmung erzeugen) erzielt zu haben.

Jede Verhandlung kommt irgendwann an einen toten Punkt, den Sie überwinden können, indem Sie eine neue Person hinzuziehen. Hilfreich kann auch sein, das eigentliche Problem neu zu definieren.

3.8 Zugeständnisse und Gegenleistungen

Bevor Sie der anderen Seite ein Zugeständnis machen, sollten Sie sich fragen, ob das wirklich nötig ist.

- Hat die andere Partei Ihren Vorschlag abgelehnt? Oft machen Verhandlungsführer Zugeständnisse, obwohl das eigentlich noch gar nicht nötig wäre. Falls die andere Seite auf einen Vorschlag oder eine Bemerkung wie „Das kann doch nicht Ihr Ernst sein!" hin schweigt, unterbreiten Sie ihr am besten gleich ein

besseres Angebot. Wenn Sie aber einmal ein Zugeständnis gemacht haben, ohne dass man das von
Ihnen verlangt hätte, oder sich zu einem zweiten
Zugeständnis bereit erklären, bevor Sie eine Antwort
auf Ihr erstes bekommen haben, besteht für die
andere Seite kein Grund mehr, sich zu bewegen – sie
kann dann einfach abwarten, was als Nächstes passiert.

- Ist Ihnen klar, welche Teile Ihres Vorschlags unannehmbar sind und was der Grund dafür ist? Solange
Sie nicht herausgefunden haben, ob die andere Partei Ihren Vorschlag wirklich abgelehnt hat und welche Elemente für sie unannehmbar sind, können Sie
ja gar nicht wissen, was für ein Zugeständnis angebracht wäre! Wenn beispielsweise der Liefertermin
das Problem ist, hat es überhaupt keinen Sinn, mit
dem Preis nach unten zu gehen. Sie müssen zunächst
herausbekommen, was die andere Seite wirklich
erwartet; erst dann können Sie versuchen, ihre
Bedürfnisse zu erfüllen.

Wie man Zugeständnisse macht

Es ist fast immer besser, die eigene Verhandlungsposition durch viele relativ kleine Schritte zu verändern, als
große Sprünge zu machen. Nehmen wir an, dass Sie in
einer einfachen Situation 100 bieten, aber 1000 verlangt
werden. Sie erkennen, dass Ihr Angebot zu niedrig war,
und bieten nun 300. Das ist ein sehr großer Sprung, und
da er so schnell erreicht wurde, signalisiert er, dass Sie
noch viel weiter nach oben gehen können. Falls Ihr letztes Angebot bereits bei 350 liegt, haben Sie sich in eine
schwierige Lage gebracht, da die andere Seite nun eine

weitere erhebliche Steigerung von Ihnen erwartet, die Ihnen aber nicht möglich ist. Je näher Sie Ihrem letzten Angebot kommen, desto kleiner sollten Ihre Steigerungsschritte sein, damit die andere Partei erkennt, dass Sie beinahe bei Ihrem Höchstgebot angelangt sind.

Gegenleistungen und Bedingungen

Versuchen Sie, für jedes Zugeständnis eine Gegenleistung zu bekommen. „Oh, das kann ich nur sehr schwer akzeptieren, denn ... Aber vielleicht können wir trotzdem zueinander finden, wenn ..." Bei Verhandlungen geht es um einen Austausch auf der Grundlage des unterschiedlichen Wertes, der bestimmten Dingen zugemessen wird. Zieren Sie sich daher nicht, zu feilschen! Was Sie nicht verlangen, werden Sie auch nicht bekommen.

Was bekommen Sie?

Falls die andere Seite von Ihnen eine Gegenleistung verlangt, müssen Sie sich fragen:

1. Hätten Sie überhaupt erwartet, bei diesem Punkt zu gewinnen?
2. Hat das, was die andere Partei von Ihnen fordert, den gleichen Wert wie deren eigenes Zugeständnis?
3. Wie wichtig ist Ihnen der fragliche Punkt?

Die andere Partei könnte Ihnen ja bei Punkten, die für sie keinen Wert haben, entgegengekommen sein und nun etwas von Ihnen fordern, das beträchtlichen Wert für Sie hat. Wenn es keine logische Grundlage dafür gibt, Punkt A gegen Punkt B einzutauschen, dürfen Sie sich nicht emotional erpressen lassen.

Nur unter Bedingungen zugestehen

Eine besonders wirkungsvolle Form dieser Methode besteht darin, die Forderungen und Zugeständnisse als Bedingungen zu formulieren: „Wenn Sie sich dazu bereit finden könnten, ... zuzustimmen, könnten wir auch über ... sprechen." Der Vorteil liegt darin, dass Sie nicht als Erster ein Zugeständnis machen müssen und das Angebot vage halten können. „Wenn Sie sich dazu bereit finden könnten, ... zuzustimmen, könnten wir Ihnen wohl bei ... entgegenkommen."

Der richtige Zeitpunkt für Zugeständnisse

Wenn Sie zu früh ein Zugeständnis machen, signalisieren Sie damit, dass Ihnen sehr viel an dem Geschäft liegt, so dass die andere Seite stärker an ihrer Position festhalten wird. Warten Sie dagegen zu lange, könnte Ihr Verhandlungspartner zum Schluss kommen, dass es kein Geschäft geben wird, und die Besprechung abbrechen. Falls es viele mögliche „Gefälligkeiten" gibt, können Sie immer wieder ein kleines Zugeständnis machen. Sollte es aber nur um einen einzigen, besonders wichtigen Punkt gehen, muss er ans Ende gestellt und zusammen mit den anderen strittigen Fragen geklärt werden. Wenn man sich nämlich schon mitten in der Verhandlung mit diesem wichtigen Punkt befasst, steht er nicht mehr zur Verfügung, um ihn gegen die vielen kleineren Probleme, die auftauchen werden, in die Waagschale zu werfen.

- Wenn Sie wichtige Punkte ans Ende stellen, verhindern Sie eine „Salamitaktik" der anderen Partei: Ihr Verhandlungspartner erhält ein Zugeständnis; er wendet sich dann einem anderen Punkt zu, Sie machen ihm wieder ein Zugeständnis, usw ... Schließlich kommt das Geschäft zu Bedingungen zustande, denen Sie nicht zugestimmt hätten, wenn über alles zusammen verhandelt worden wäre.

- Außerdem sorgen Sie dafür, dass der Verhandlungsprozess nicht einseitig verläuft. Ein zu frühes Zugeständnis kann als Zeichen von Schwäche gedeutet werden und zu weiteren Angriffen führen, so dass schließlich immer die gleiche Partei Zugeständnisse macht. Auch wenn Sie bereit sind, der anderen Partei bei einem bestimmten Punkt entgegenzukommen, sollten Sie auf den richtigen Zeitpunkt achten. Falls Sie noch etwas in der Hand behalten wollen, um es später anbieten zu können, sollten Sie sich Ihr Zugeständnis vielleicht bis dahin aufbewahren.

Sich nicht zu früh festlegen

Legen Sie sich zu früh fest, führt das meist zu ungünstigen Abschlüssen. Erzählen Sie Ihren Kollegen oder Mitarbeitern daher nie, dass ein Abschluss unmittelbar bevorstehe. Wenn jeder erwartet, dass er tatsächlich zustande kommt, könnte Ihr Verhandlungspartner zu der Überzeugung gelangen, dass Sie das Geschäft auf jeden Fall machen müssen. Sie würden Ihre eigene Position dadurch also unnötig schwächen und die andere Partei geradezu dazu auffordern, Ihnen noch in letzter Minute schlechtere Bedingungen zu präsentieren.

Zeitdruck und Fristen

Angenommen, Sie verlangen, dass die andere Partei Ihnen innerhalb von zwei Tagen ein Angebot unterbreitet. Sollte sie davoneilen, um Ihrer Forderung nach-zukommen, hat sie Schwäche gezeigt, und Sie selbst haben einen Vorteil errungen. Falls sie aber antwortet, dass sie das nicht kann oder nicht will, werden Sie in die Defensive gedrängt; Sie können die gesetzte Frist dann verlängern (womit Sie Ihrerseits Schwäche zeigen) oder den Verhandlungstisch verlassen und damit den Einsatz verdoppeln. Wenn man eine Frist verlängert, verliert sie ihren Sinn, und Sie selbst verlieren an Glaubwürdigkeit (vgl. Seite 34).

Zugeständnisse in letzter Minute?

Der in letzter Minute unternommene Versuch, der anderen Seite ein Zugeständnis abzuringen, dürfte wohl die älteste Verhandlungstaktik sein. Sie ist nur unter zwei Voraussetzungen möglich:

1. Die andere Partei muss gewillt sein, einer Überein-kunft zuzustimmen, so dass sie zu einem kleinen Zugeständnis bereit sein könnte.
2. Alternativwege, die man hätte gehen können, wur-den bereits ohne große Kosten und Probleme ver-worfen.

Da die Schlussphase der Verhandlung erreicht ist, braucht keine der beiden Parteien Angst vor eventuel-len Auswirkungen auf zukünftige Verhandlungsphasen zu haben, denn solche Phasen wird es ja nicht mehr geben. Auch die Gefahr, dass die andere Seite so verär-gert ist, dass sie die Verhandlung abbricht, ist gegen Ende des Verhandlungsprozesses gering. Wenden Sie diese Taktik allerdings nicht an, wenn die Geschäftsbe-ziehung weiter bestehen wird, denn dann könnte die andere Partei bei späteren Verhandlungen versuchen, sich zu revanchieren. Endspiele sind vor allem bei Verhandlungen im Immobilienbereich häufig, da sie einmalige Geschäfte sind und großen Profit versprechen, wenn der Trick funktioniert. „Ich könnte das Geschäft morgen abschließen, aber der Taxator meiner Bank behauptet steif und fest, dass der Preis zu hoch ist ...“ Wenn Firmen verkauft werden, gibt es oft eine Zeitspanne, in der die Interessenten Erkundigungen einziehen können, und danach kommt es meist zu einem neuen Verhandlungsversuch. Blufft die andere Partei? Es gibt nur eine Möglichkeit, das herauszufinden.

Am Verhandlungstisch gibt es einiges zu beachten,
damit man seine Ziele durchsetzen kann.
- *Stellen Sie gemeinsame Interessen heraus, und versuchen Sie bei Aggressionen, das Gespräch auf eine sachliche Ebene zu lenken.*
- *Drohung, Druck und Ultimatum sollten Sie nur dann aussprechen, wenn Sie tatsächlich auch bereit sind, diese in die Tat umzusetzen.*
- *Zugeständnisse und Gegenleistungen erleichtern den Weg zu einem befriedigenden Abschluss für beide Seiten.*

4. Kommunikation und Körpersprache

Wissen Sie, wie Sie aktiv zuhören können?   Seite 46

Kennen Sie verschiedene Frageformen, um optimale Informationen zu erhalten?   Seite 50

Können Sie Körpersprache deuten?
Seite 55

Am Anfang jeder Kommunikation steht das Zuhören: „Niemand meint alles, was er sagt, und nur sehr wenige sagen alles, was sie meinen, denn Worte sind glatt und die Gedanken zähflüssig."

4.1 Die Kunst des Zuhörens

Wir sprechen in der Minute ungefähr 125 Worte, können aber etwa vier- bis fünfmal so viele Informationen aufnehmen. Daher neigen wir dazu, unsere Gedanken wandern zu lassen. Gute Zuhörer nutzen diese Extrazeit, um über das nachzudenken, was der Sprecher sagt. Was meint er wirklich?

Warum Zuhören wichtig ist
Wenn Sie nicht gut zuhören, entgehen Ihnen wichtige Informationen – nicht zuletzt auch Nuancen und die Körpersprache, die ebenso ausdrucksvoll sind wie das gesprochene Wort. Es gibt zwei Formen des Nicht-Zuhörens, denen wir alle mehr oder weniger oft – nicht nur bei Verhandlungen – erliegen:

1. Wir „schalten ab". – Unsere Aufmerksamkeit lässt schon nach wenigen Minuten nach, was durch Faktoren wie zu wenig Schlaf oder einen übervollen Magen noch beschleunigt werden kann. Wir nehmen dann nicht mehr alle gesprochenen Worte auf und verstehen noch weniger. Vielleicht fangen wir auch an, über das nachzudenken, was wir selbst sagen wollen, statt über das, was der andere sagt.
2. Wir hören durch einen Filter zu. – Unsere Vorurteile und vorgefassten Ansichten wirken bei neuen Ideen

und Informationen wie ein Filter: Wir hören nur das, was wir hören wollen, und streichen den Rest. Wir vereinfachen komplizierte Situationen, indem wir alles, was nicht mit unseren Erwartungen übereinstimmt, ignorieren. Es ist nicht leicht, sich dem anderen gedanklich zu öffnen und nicht in selektives Zuhören zu verfallen.

Aktives Zuhören

Der Begriff „aktives Zuhören" beschreibt einen Prozess, bei dem man das, was jemand gesagt hat, mit eigenen Worten laut wiederholt – um sicher zu sein, dass man es richtig verstanden hat, um zu beweisen, dass man zugehört hat, und als Zeichen von Empathie (Einfühlungsvermögen).

So gehen Sie vor

1. Stellen Sie Fragen, um sicherzugehen, dass Sie den anderen richtig verstanden haben. – „Heißt das also, dass ...?" Dadurch senden Sie gleichzeitig eine positive Botschaft, nämlich, dass Sie zuhören und interessiert sind. Phrasen wie „Ja, ich verstehe!" helfen nicht weiter, denn man kann sie auch aussprechen, ohne dass man zuhört und versteht.

2. Fassen Sie zusammen, was der andere gesagt hat, um Ihr Verstehen zu überprüfen. – Jede Form des Feedbacks, die Sie geben können, erleichtert Ihnen das Gespräch, hilft Ihnen, sich zu konzentrieren, und ermöglicht es Ihnen, gemeinsame Interessen zu erkennen.

3. Sagen Sie immer etwas, das sich auf die Worte des anderen bezieht, wenn Sie als Sprecher an der Reihe

sind. – Dadurch können Sie dem anderen zeigen, dass Sie ihm zugehört haben und dass Sie über das, was er gesagt hat, nachdenken. Wenn Sie seine Worte völlig ignorieren, beleidigen Sie ihn, und er wird dann eher aggressiv reagieren.

4. Stellen Sie Blickkontakt her. – Ihre Aufmerksamkeit wird nicht so leicht nachlassen, wenn Sie den Sprecher ansehen und er auch Sie ansieht. Außerdem können Sie weitere Regungen aus seinem Gesicht ablesen (vgl. Seite 55). Gerade in den Augen Ihres Gegenübers können Sie „lesen", was er wirklich denkt.

5. Versuchen Sie, den anderen nicht zu unterbrechen, lassen Sie ihn aber auch nicht zu lange sprechen. – Je länger der andere spricht, desto eher werden Ihre Gedanken abschweifen. Stellen Sie daher möglichst oft Fragen, und fassen Sie das Gesagte zusammen. Wenn Sie ihn mit Namen anreden, wird er eine Unterbrechung eher akzeptieren.

Mitschreiben oder nicht?

Sich Notizen zu machen ist eine nützliche Methode, weil Sie dann darüber nachdenken müssen, was Sie aufschreiben wollen. Es hat aber auch zwei große Nachteile: Zum einen erschwert es den Blickkontakt, und zum anderen können Sie nicht sprechen, während Sie schreiben.

Aktiv zuzuhören bedeutet, sich auf die Worte des anderen zu konzentrieren und nachzufragen, wenn Sie etwas nicht verstanden haben. Beziehen Sie sich auf das Gesagte, wenn Sie selbst sprechen.

4.2 Die Kunst des Sprechens

Ihr Verhandlungspartner kann sehr empfindlich reagieren. Durch ein Missverständnis oder eine vermeintliche Beleidigung können Sie Ihre Position verschlechtern. Wählen Sie daher Ihre Worte mit Bedacht.

Reaktionen einfordern

Wer spricht, aber nicht zuhört, kann von einem geschickten Zuhörer leicht überlistet werden. Wenn Sie ein paar Minuten gesprochen haben, sollten Sie die andere Partei daher zu einer Erwiderung auffordern, denn

- sie könnte sonst anfangen, sich zu langweilen, und abschalten. Durch Fragen zwingen Sie sie, Ihnen ständig ihre Aufmerksamkeit zu widmen.
- es ist schwierig, andere zu beobachten, während man selbst spricht.

Die richtige Sprache verwenden

Da Sie sprechen, um zu kommunizieren, müssen Sie eine Sprache verwenden, die der andere versteht. Benutzen Sie keinen Jargon – der andere sagt Ihnen vielleicht nicht, dass er nicht weiß, wovon Sie reden! Wiederholen Sie das, was Sie gesagt haben, und fassen Sie es zusammen. Bringen Sie die Art und Weise, wie Sie etwas sagen, mit den Interessen Ihres Verhandlungspartners in Zusammenhang. Dadurch wird das Gesagte für ihn verständlich, und es interessiert ihn persönlich. So würde man Beispiele aus dem Bankwesen benutzen, wenn man mit Bankern spricht, aber Beispiele aus dem Vertrieb, wenn man sich an Verkäufer wendet.

Nicht zu viel sprechen

Beenden Sie die Diskussion, sobald Sie zu einem zufrieden stellenden Ergebnis gekommen sind. Tun Sie das nämlich nicht, könnten Sie Ihren Gewinn durch zu viele Worte verwässern.

- Auch wenn das Geschäft schon abgeschlossen worden ist, kann man es durch ein einziges falsches Wort noch ruinieren.
- Argumentieren Sie nicht mehr weiter, wenn die andere Seite bereit ist, einzuschlagen – der entscheidende Augenblick könnte ganz schnell verstreichen!
- Lassen Sie nicht zu, dass die andere Partei einen an sich unwichtigen Punkt für sich nutzt. Sie könnte sich sonst auf diesen Punkt konzentrieren, so dass Sie die Schlacht verlieren, obwohl das gar nicht nötig gewesen wäre.
- Führen Sie nicht drei Argumente an, wenn eines reichen würde. Stellen Sie das stärkste Argument immer an den Anfang.

Formulieren Sie Ihre Worte situationsgerecht, so dass sie auf Vorkenntnisse und Niveau Ihrer Zuhörer zugeschnitten sind. Reden Sie nicht zu viel, sonst verwässern Sie Ihre Aussage.

4.3 Die Kunst des Fragens

Erfolgreiche Verhandlungsführer finden vor und während der Besprechungen viel über die andere Seite heraus. Sie stellen effektive Fragen, ohne den Eindruck zu erwecken, dass es sich um ein Verhör handle. Sie fangen mit allgemeinen Fragen an, um sich über den gesamten Hintergrund zu informieren, der für die andere Seite von Bedeutung ist. Dann stellen sie gezielte Fragen und lenken das Gespräch auf die wichtigen Punkte, die den Gegenstand der Verhandlung bilden.

Offene Fragen
Stellen Sie zunächst offene Fragen, also Fragen, die keine bestimmte Antwort nahe legen und die nicht mit Ja oder Nein beantwortet werden können. Ihr Verhandlungspartner muss Ihnen dann Informationen über sich geben, wird zum Sprechen gebracht und könnte Ihnen Dinge erzählen, nach denen Sie von sich aus gar nicht gefragt hätten. Durch solche offenen Fragen erhält man oft wichtige Hinweise, die man dann mit weiteren Fragen vertiefen kann. Ein Beispiel für eine offene Frage wäre „Wie wollen wir jetzt weiter vorgehen?"

Geschlossene Fragen
Im Gegensatz zu den offenen Fragen sind geschlossene Fragen sehr präzise und spezifisch; viele von ihnen können nur mit einem Ja oder Nein beantwortet werden. Daher verwendet man sie vor allem, wenn man eine exakte Antwort braucht, z. B.: „Können Sie das Teil bis zum nächsten Donnerstag liefern?"

Den größeren Zusammenhang erfragen
Stellen Sie Fragen zum größeren Zusammenhang, um etwas über Ihren Verhandlungspartner, die Firma, ihre Pläne usw. zu erfahren. Dafür sind vor allem offene Fragen geeignet: „Wie sehen Ihre Expansionspläne über den Erwerb dieser Firma hinaus aus?"

Interessen und Probleme erfragen

Anhand der Antworten Ihres Verhandlungspartners können Sie dann herausfinden, wo seine Interessen und Probleme liegen. „Heißt das, dass Sie auch an Vertriebsmöglichkeiten in den USA interessiert sind?" Sie können die Antwort im Kopf behalten, um sie später zu verwenden, sie aber auch sofort aufgreifen, um auf gemeinsame Interessen hinzuweisen.

Vorteile aufzeigen

Beim Verkauf und bei Verhandlungen sind die wichtigsten Aussagen die, mit denen Sie aufzeigen, wie Sie die Bedürfnisse der anderen Seite befriedigen können. „Ihren ursprünglichen Preis können wir Ihnen zwar nicht zugestehen, aber Sie haben ja erklärt, wie wichtig Ihnen eine ausreichende Lieferkapazität für die Zukunft ist, und gerade in dieser Hinsicht können wir Ihre Wünsche voll erfüllen."

Ruhen Sie sich nicht aus

Versuchen Sie während der ganzen Verhandlung, die wirkliche Position der anderen Seite zu ergründen. Es darf nicht passieren, dass Sie vergessen, Fragen zu stellen, und sich auf den „Handel" beschränken: Fragen und die Überprüfung des Verständnisses gehören bis zum Ende zum Verhandlungsprozess. Während Sie sprechen, können sich der Markt oder die Bedürfnisse der Beteiligten ändern. Wirklich gute Verhandlungsführer sind schnelle Denker und passen ihre Position stets ihrem Wissen über den Verhandlungspartner an.

 Fragen zu stellen, die eine ausführliche Antwort erfordern, und anschließend detailliert nachzufragen, ist eine sehr erfolgversprechende Methode. Dadurch engen Sie den Bereich so lange ein, bis sich ein präzises Bedürfnis, Problem oder Interesse Ihres Verhandlungspartners herauskristallisiert.

4.4 Kommunikationsstörungen

Missverständnisse und unterschiedliche Auslegungen kommen bei Verhandlungen sehr oft vor – sie sind das am weitesten verbreitete Hindernis auf dem Weg zum Erfolg.

Missverständnisse ausräumen

Missverständnisse lassen sich am besten vermeiden, indem man die Probleme direkt anspricht – die anderen sind gewöhnlich gar nicht so empfindlich, wie Sie vielleicht glauben! „Ihre Antworten auf einige Fragen im

Zusammenhang mit dem Grundstück haben mich etwas verwirrt. Ich möchte sie kurz wiedergeben, um sicherzugehen, dass ich Sie richtig verstanden habe ..." Solche Kommunikationsfehler lassen sich vor allem durch zwei Methoden vermeiden:

1. Gegenseitiges Verständnis überprüfen
2. Ergebnisse zusammenfassen

1. Gegenseitiges Verständnis überprüfen

Während der Gespräche sollten Sie immer wieder überprüfen, ob Sie und Ihr Verhandlungspartner sich richtig verstanden haben – das ist nämlich sehr oft nicht der Fall, wie das folgende Beispiel zeigt:

Herr Jäger, der Hauptgeschäftsführer, forderte den Vertriebsleiter, Herrn Schulze, auf, die Lagerbestände in den Läden schnell abzubauen, um den Cashflow der Firma zu verstärken. So etwas hörte Herr Schulze nicht zum ersten Mal. "Ja, Herr Jäger!", antwortete er müde.

Dieser Fall scheint ganz klar zu sein: Herr Schulze hat zugestimmt – oder doch nicht? Das muss nicht unbedingt der Fall sein: "Ja" ist nämlich durchaus kein einfaches Wort, das man gar nicht missverstehen kann. Je nach Tonfall oder Gestik kann es verschiedene Aussagen machen. "Ja" kann bedeuten:

- Ja – ich höre, was Sie sagen.
- Ja – ja, ja, beruhigen Sie sich, wir sprechen morgen noch einmal darüber, wenn Sie nicht mehr so aufgebracht sind.
- Ja – ich werde es versuchen.
- Ja – ich werde tun, was Sie sagen.

Bei unserem Beispiel bedeutete das „Ja" von Herrn Schulze: „Ich werde einen Ausverkauf veranstalten, aber wir werden diese Zielvorgabe ganz sicher nicht erreichen."

Es kommt oft vor, dass zwei Parteien glauben, sich zu verstehen, dann aber bei einem kritischen Punkt feststellen müssen, dass sie sich geirrt haben. Da man nie wissen kann, was man nicht weiß, sollte man immer wieder überprüfen, dass die wichtigen Punkte verstanden worden sind. Schieben Sie daher in regelmäßigen Abständen – und besonders dann, wenn Sie nicht weiterkommen – Formulierungen ein, mit denen Sie das gegenseitige Verständnis überprüfen können, z.B.: „Lassen Sie mich das festhalten: Wir sind uns also darin einig, dass ..."

2. Ergebnisse zusammenfassen

„Ich würde gern zusammenfassen, was wir meiner Ansicht nach bisher erreicht haben ..." – so können Sie Missverständnisse aufdecken und ausräumen. Indem Sie betonen, worüber Sie sich geeinigt haben, machen Sie die erzielten Teilerfolge deutlich und motivieren für die weitere Verhandlung. Sie bringen alle Anwesenden dazu, sich auf die noch ungelösten Fragen zu konzentrieren, und können dabei gleichzeitig die Richtung des weiteren Gesprächs beeinflussen.

 Kommunikationsstörungen lassen sich beheben bzw. vermeiden, indem Sie regelmäßig das gegenseitige Verständnis überprüfen und Zwischenergebnisse zusammenfassen.

4.5 Bedeutung der Körpersprache

Viele Untersuchungen sind zu dem Ergebnis gekommen, dass wir mehr als 50 Prozent unserer Botschaften durch Gesten, unseren Gesichtsausdruck und unsere Körperhaltung übermitteln. Ob wir nun mit der Faust auf den Tisch schlagen, jemanden wütend anfunkeln oder verwirrt aussehen – die Bedeutung dieser nonverbalen Kommunikation lässt sich kaum leugnen. Geübte Verhandlungsführer achten immer genau auf die Körpersprache. Berücksichtigen Sie daher die Gestik und Mimik Ihres Verhandlungspartners genauso wie seine Worte. Natürlich müssen Sie auch auf Ihre eigene Körpersprache achten. Wenn Sie körpersprachliche Kommentare deuten können, wird Ihre Verhandlungsposition stärker. Sie können erkennen, was der andere wirklich denkt, und sich entsprechend verhalten.

Körpersprache versteht jeder
Manche Ausdrucksformen und Gesten sind kulturspezifisch, andere hingegen – wie das Lächeln oder das Zähneblecken, wenn wir wütend sind – nicht. Ein Lächeln kann allerdings auch vorgetäuscht sein und beispielsweise Wut und Aggressivität verschleiern. Darüber, wie wir stehen und was wir mit unseren Händen tun, haben wir dagegen im Allgemeinen weniger Kontrolle.
Es gibt auch noch eine andere, subtilere Ebene von Körpersignalen (z. B. das Schmalwerden der Augen, die Form des Lächelns und sogar die Verengung der Pupillen), die ebenfalls die wahren Gefühle des lächelnden Verhandlungsführers verraten können.

Solche Signale treten nicht einzeln auf, sondern geballt, wobei sie sich gegenseitig verstärken. Verlassen Sie sich daher nicht nur auf eine einzige Geste (die Sie ja falsch gedeutet haben könnten), sondern betrachten Sie die Gesamtheit der Signale. Oft sagen wir Dinge, die wir nicht meinen, und meinen Dinge, die wir nicht sagen.

Sich selbst besser verstehen
Durch die Berücksichtigung der Körpersprache können Sie auch Ihre eigenen Gefühle besser verstehen. Nehmen wir beispielsweise an, dass Sie Ärger auf Ihren Gesprächspartner in sich aufsteigen fühlen. Liegt das vielleicht daran, dass er sich auf seinem Stuhl zurücklehnt, den Kopf leicht nach hinten geneigt hält (so dass er Sie von oben herab ansieht) und dabei auch noch die Hände hinter dem Kopf verschränkt oder sie wie zu einem Kirchturmdach gegeneinander legt? Oder, falls Sie beide stehen, macht es Sie aggressiv, dass er mit den Händen den Jackettaufschlag umfasst hält und seine Daumen in Ihre Richtung wippen lässt? Das sind alles Gesten der Überlegenheit, die Ihren Ärger erklären könnten. Wenn Sie das verstehen, können Sie mit dem Verhalten des anderen besser umgehen.

Bei einer Besprechung könnten Sie feststellen, dass Sie Ihren Verhandlungspartner nicht mögen. Ist er ein unangenehmer Mensch, oder sendet er irgendein unbewusstes Signal aus, über das Sie sich ärgern? Vielleicht geht er über Punkte, die Ihnen wichtig sind, schnell hinweg, was sehr beleidigend sein kann. Kritzelt er energisch vor sich hin oder seufzt, während Sie sprechen, will er damit andeuten, dass Sie Blödsinn reden? Möglicherweise will er Sie aber gar nicht beleidigen, und es könnte auch nicht in Ihrem Interesse sein, sich beleidigt zu fühlen. Wenn Ihnen einmal klar geworden ist, worüber Sie sich ärgern, können Sie das aus der Welt schaffen, indem Sie entweder Selbstbeherrschung an den Tag legen oder das Thema ansprechen: „Entschuldigen Sie, Herr Maier, Sie hören nicht zu, aber uns sind diese Punkte sehr wichtig ..."

Achten Sie bei Verhandlungen besonders auf folgende Gesten und die damit verbundenen Aussagen:

• Kopf zur Seite gelegt, Hand am Kinn	nachdenklich und abwägend
• gekreuzte Arme und Beine	widerstrebend/ab-blockend/defensiv. Die durch das Übereinanderlegen der Beine entstehende Ziffer 4 wird als besonders aggressiv/defensiv empfunden.
• wie oben, auch mit gesenktem Kopf	negativ. Wer den Kopf schwer auf die Hand stützt, zeigt damit Langeweile oder Distanz an.
• nach vorn gebeugt, Handflächen nach oben gerichtet	positiv
• Hände um die Stuhllehnen geklammert	unterdrückte Emotionen

- geballte Fäuste   feindselig

- Hände in die Hüften   überlegen/aggressiv
  gestützt, Beine gespreizt,
  aufrechte Haltung

- Handflächen sichtbar,   ehrlich/offen/
  weicht dem Blick nicht   aufgeschlossen
  aus, Beine nicht über-
  einander geschlagen,
  nach vorn gebeugt

Achten Sie auf Ihre eigene Körpersprache!
Haben Sie Angewohnheiten, die andere als aufreizend empfinden könnten? Kritzeln Sie nicht herum, starren Sie nicht ins Leere oder an die Decke, schauen Sie nicht aus dem Fenster, schließen Sie nicht die Augen, als ob Sie sich konzentrierten (oder ein Nickerchen hielten?). Reinigen Sie sich nicht die Nägel, trommeln Sie nicht mit den Fingern, lassen Sie Ihre Knöchel nicht knacken. Auch Ihre Sitzhaltung ist wichtig: Sie dürfen auf Ihrem Stuhl nicht immer weiter nach vorne rutschen, die Beine nicht immer wieder übereinander schlagen, um sie dann wieder nebeneinander zu setzen, und auch kein Bein über die Armlehne baumeln lassen. Spielen Sie nicht herum – weder mit Ihrem Stift noch mit Ihrem Schmuck, der Kaffeetasse, dem Teelöffel oder Zucker-würfeln. Es dürfte dem anderen auch ziemlich auf die Nerven gehen, wenn Sie ständig den Sitz Ihrer Krawatte überprüfen, sich Fusseln absammeln, Ihre Brille putzen oder Ihre Ärmelaufschläge zurechtrücken.

Ein gutes Verhandlungsergebnis können Sie nur erreichen, wenn Sie gut kommunizieren.

- *Hören Sie aufmerksam zu, und formulieren Sie Ihre Worte situationsgerecht.*
- *Achten Sie besonders auf die Körpersprache, die sehr viel aussagen kann.*

5. Strategien und Taktiken

*Beginnen Sie mit einem hohen
oder einem niedrigen Angebot?*
                        Seite 61

*Kennen Sie die wichtigsten
Taktiken und Varianten?*   *Seite 65*

*Wie gehen Sie mit Ausweich-
manövern um?*   *Seite 67*

Der Erfolg einer Verhandlung hängt nicht nur davon ab, wie gut das eigene Angebot ist, sondern auch ganz wesentlich davon, wie geschickt Sie an die Sache herangehen. Einige zentrale Strategien und Taktiken sollten Sie kennen, damit Sie gute Ergebnisse erzielen können.

5.1 An der Ober- oder Untergrenze anfangen?

Warum sollten Sie von vornherein einen Preis bieten, der nahe an der für Sie akzeptablen Obergrenze liegt? Nun, beispielsweise, weil Sie einen Konkurrenten ausschalten und die Verhandlung abschließen wollen. „Das ist mein letztes Angebot, und wir brauchen Ihre Zusage bis zum nächsten Freitag!" Damit haben Sie aber Ihren Spielraum im Hinblick auf die Preisgestaltung eingeschränkt und gleichzeitig die Gefahr erhöht, das Spiel zu verlieren. Vielleicht glaubt Ihr Verhandlungspartner ja nicht, dass Sie wirklich an Ihre Obergrenze gegangen sind, und hat nun Appetit auf mehr bekommen.

Verhandlungsspielraum lassen
Bei den meisten Verhandlungen brauchen beide Seiten die psychologische Genugtuung, das Geschäft vorteilhafter gestalten zu können; das ist einer der Gründe dafür, warum Sie einen Verhandlungsspielraum lassen müssen. Wenn Sie ein Angebot machen, das die andere Seite sofort annimmt, wird in Ihnen der Verdacht aufsteigen, dass Ihr Angebot zu hoch war. Lassen Sie sich deshalb auch dann etwas Spielraum, wenn Sie mit Ihrem ersten Angebot nahe an die Obergrenze gehen.

Hohe Ziele vor Augen

Setzen Sie sich immer ehrgeizige Ziele! Sie können zwar vermuten, worauf die andere Seite aus ist, das aber nie genau wissen. Deshalb müssen Sie sich ein hohes Ziel setzen, denn was Sie nicht fordern, werden Sie auch nicht bekommen. Man kann oft überraschend viel erreichen, wenn man es nur verlangt. Wer sich ehrgeizigere Ziele setzt, wird bessere Ergebnisse erreichen.

Wenn Sie einen zu niedrigen Preis anbieten, könnte die andere Seite zu dem Schluss kommen, dass Sie gar nicht ernsthaft an dem Geschäft interessiert sind, und sich einem Ihrer Konkurrenten zuwenden. Dann haben Sie sich um die Chance gebracht, ein höheres Angebot vorzulegen.

An der Untergrenze anfangen

Der Hauptgrund für ein niedriges Anfangsangebot ist, dass der Weg bis zu Ihrer Obergrenze noch weit ist, Sie Ihrem Verhandlungspartner also noch entgegenkommen können. Der Theorie zufolge bringt diese Strategie ein besseres Ergebnis, als wenn Sie gleich Ihr Höchstangebot darlegen. Wenn Sie ein niedriges Angebot machen, muss dies auf jeden Fall aber noch vertretbar sein, es darf nicht unverschämt wirken. Ihr Angebot muss daher Hand in Hand mit einer entsprechenden Rechtfertigung und einem strategischen Plan gehen.

So gehen Sie vor

1. Sie machen das Angebot.
2. Sie erklären, wieso Ihr Angebot angemessen ist und welche Vorteile das Geschäft der anderen Partei brin-

gen wird. Entschuldigen Sie sich in keinem Fall für Ihr niedriges Angebot.

3. Versuchen Sie herauszufinden, welche Teile des Angebots für Ihren Verhandlungspartner unannehmbar beziehungsweise annehmbar sind. Bitten Sie ihn, Ihnen zu erläutern, was er von Ihrem Angebot hält, und sondieren Sie seine Antwort. „Gehe ich recht in der Annahme, dass Sie die von uns vorgeschlagenen Zahlungsmodalitäten attraktiv finden?" Erklären Sie, wie Ihr Angebot zustande gekommen ist. Sagen Sie der anderen Partei, dass der von ihr geforderte Preis Ihnen nicht realistisch erscheint, und fragen Sie sie, welche Ziele sie wirklich verfolgt. Wenn sie darauf eingeht, kommt Bewegung in den Verhandlungsprozess, und die Initiative liegt wieder bei Ihnen.

4. Falls Ihr Verhandlungspartner Ihr Angebot tatsächlich für lachhaft hält, dürfen Sie nicht in Panik geraten. Ihr Angebot lag ja an der Untergrenze; jetzt müssen Sie mehr anbieten und wieder Bewegung in den Verhandlungsprozess bringen – aber wie?

- Sie können der anderen Partei sofort ein Zugeständnis machen, das Sie als Erklärung vorbringen: „Wenn Sie von den sehr ungünstigen Lieferfristen und der Zahlungsfrist von sechzig Tagen abgehen, könnten wir noch einmal über den Preis sprechen."

- Falls Sie nicht wissen, wie Sie weiter vorgehen sollen, müssen Sie sich Zeit zum Nachdenken verschaffen, aber gleichzeitig dafür sorgen, dass Sie im Spiel bleiben. Bitten Sie beispielsweise um eine Unterbrechung, damit Sie sich mit einem Kollegen beraten können.

- Sie können hart bleiben und abwarten, was passiert – vielleicht haben Sie sich geirrt, und die andere Partei blufft nur.
- Sie können aufgeben. Wenn Sie keine andere Möglichkeit sehen, sollten Sie als letztes Mittel über einen Rückzug nachdenken.

Jede Verhandlung wird wesentlich dadurch geprägt, ob Sie mit einem hohen oder niedrigen Angebot einsteigen. Klären Sie im Vorfeld Ihre Ziele: Möchten Sie auf jeden Fall zu einem gemeinsamen Ergebnis kommen, oder macht es Ihnen nichts, wenn die Verhandlung an Ihren Vorstellungen scheitert? Auch der Anlass Ihrer Verhandlung wird beeinflussen, wie flexibel Sie sind.

5.2 Das erste Angebot machen oder reagieren?

Wer das erste Angebot macht, gibt das Tempo vor und übernimmt die Initiative. Dieses erste Angebot ist nur selten auch das endgültige. Legen Sie Ihr Angebot zuerst auf den Tisch, wenn Sie an der Untergrenze anfangen oder einen Mitbewerber ausschalten möchten. Oft werden Sie sich aber einen Eindruck davon verschaffen wollen, was die andere Seite will, und ihr gern die Initiative überlassen.

Das erste Angebot bestimmt den weiteren Verlauf der Verhandlung. Wenn Sie mit Ihrem ersten Angebot signalisieren, dass Sie mit sich noch verhandeln lassen, muss die andere Seite Sie dazu bringen, Ihr Angebot zu verbessern, und das führt oft zu einem niedrigeren Preis, als wenn Sie von der anderen Richtung her angefangen hätten.

Wenn Sie lieber abwarten

Wenn Sie nicht das erste Angebot machen, besteht die Gefahr, dass die andere Partei einen unannehmbaren Vorschlag macht und sich dann außerstande sieht, von ihm abzurücken. Sie stehen dann vor der Aufgabe, in langwierigen Verhandlungen zu einem akzeptablen Ergebnis zu kommen. Bei komplizierten Verhandlungen kann es vorteilhaft sein, als Letzter ein Angebot zu machen, weil man dann mehr Zeit hat, sich auf die Situation einzustellen.

Wer zuerst sein Angebot auf den Tisch legt, muss Farbe bekennen. Ein solches Vorgehen hat aber auch den Vorteil, dass Sie die Verhandlungsbasis festsetzen.

5.3 Die wichtigsten taktischen Varianten

Taktische Varianten sollten Sie auf jeden Fall erlernen. Sie führen oft verblüffend schnell zu einem für Sie positiven Verhandlungsergebnis.

Sofortige Reaktion

Versuchen Sie, sofort auf ein Angebot zu reagieren – und sei es nur, um zu signalisieren, dass bei diesem Punkt noch nicht unbedingt Einigung erzielt worden ist. Wenn Ihnen jemand 20 Prozent Provision bietet, sollten Sie unverzüglich 25 oder 30 Prozent verlangen und damit ausloten, ob Sie noch mehr herausholen können. Falls Sie nicht sofort antworten, verfestigt sich die versuchsweise genannte Zahl zunehmend im Kopf des anderen. Behalten Sie die Zügel in der Hand: Eine höhere Forderung, die wie aus der Pistole geschossen kommt, führt dazu, dass die andere Seite sich nicht auf ihrem Angebot ausruht.

Hypothetische Angebote

Solche Angebote können recht verschwommen klingen: „Was würden Sie sagen, wenn wir Ihnen etwa Folgendes anbieten könnten ...?" Dadurch kann man verhindern, dass Verhandlungen sich festfahren. Es handelt sich um einen „Probeschuss", der beispielsweise einem wenig mitteilsamen Verhandlungspartner eine Antwort entlocken soll. Er muss auf das hypothetische Angebot ja irgendetwas entgegnen, so dass weitere Fragen und Gespräche möglich werden. Wenn er beispielsweise antwortet: „Damit können wir uns keineswegs einverstanden erklären!", können Sie nachfragen, welcher Aspekt seiner Ansicht nach noch verbessert werden muss, und bekommen vielleicht die Antwort: „Einen so späten Liefertermin können wir nicht akzeptieren." Daraus können Sie dann den Schluss ziehen, dass Ihr Angebot für die andere Seite ansonsten durchaus annehmbar war. Falls Ihr Verhandlungspartner dagegen zu schnell akzeptiert, können Sie die Bedingungen verschärfen. „Dazu könnten wir uns sicher bereit finden, wenn Sie ... zustimmen würden."

Verhandlungspakete

Verhandlungspakete bieten der anderen Partei eine Reihe von Vorteilen, verlangen ihr aber gleichzeitig mehrere Zugeständnisse ab. Sie werden als „friss oder stirb"-Angebot vorgebracht; der Verhandlungspartner hat nicht die Möglichkeit, sich einige Elemente auszusuchen und andere abzulehnen. Der Vorteil solcher Pakete liegt darin, dass man die Verhandlung durch sie abkürzen kann – wenn sie akzeptiert werden. Die andere Partei kann das Paket aber auch ablehnen; dann haben Sie Ihre Karten auf den Tisch gelegt, ohne etwas dafür zu bekommen. Falls die andere Partei Ihnen ein solches Verhandlungspaket anbietet, sollten Sie versuchen, zumindest einen Teil der Elemente herauszulösen.

Die wichtigsten Taktiken sind hypothetische Angebote und Verhandlungspakete. Sie engen die Handlungsfreiheit der anderen Seite ein und können Ihnen dabei helfen, Ihre Ziele zu erreichen.

5.4 Ausweichmanöver und Spiel auf Zeit

Beide Seiten können während einer Verhandlung mehrfach versuchen, einer Frage oder einem Vorschlag auszuweichen. „Ja, das ist ein wichtiger Punkt, aber bevor wir uns damit befassen, müssen wir erst ..."

Mit Ausweichmanövern umgehen

Falls ein Verhandlungspartner diese taktische Variante gegen Sie anwendet, sind die besten Gegenmittel:

- Machtausübung: Eine Lieferfirma wurde unter starken Druck gesetzt, ihren Kundendienst billiger anzubieten. Eingehende Gespräche, die sich über Monate hinzogen, hatten zu keinem Ergebnis geführt. Schließlich rief der zuständige Abteilungsleiter die Lieferfirma an: „Wir wollen einen Preisnachlass. Ihre Gründe dafür, dass diese Forderung nicht gerechtfertigt ist, interessieren mich nicht. Wir wollen weniger zahlen. Kommen Sie morgen her, und unterbreiten Sie mir ein entsprechend günstiges Angebot!"

- Direkte Auseinandersetzung: „Warum können wir das nicht jetzt besprechen?" Versuchen Sie herauszufinden, weshalb die andere Partei die Besprechung dieses Punktes hinausschieben will. Falls es dafür einen sachlichen Grund gibt, sollten Sie zumindest dafür sorgen, dass der fragliche Punkt nicht vergessen wird: „In Ordnung; das will ich mir aber schnell aufschreiben, damit wir daran denken, uns später damit zu befassen."

- Entsprechende Gegenmanöver: Das ist die schwächste Methode; wenn Sie aber geduldig, gut informiert und geschickt sind, könnte es Ihnen gelingen, der anderen Partei den Weg abzuschneiden, wenn sie versucht, in eine Seitenstraße abzubiegen.

„Parkplatz" für ungelöste Punkte

Falls Sie bei einem bestimmten Punkt keine Einigung erzielen können, sollten Sie ihn „auf den Parkplatz stellen". Dort werden sich während der Verhandlung mehrere Punkte ansammeln, die Sie im Endstadium Ihrer Verhandlung als Tauschobjekte anbieten können.

Sie können lange und hart über an sich völlig unbedeutende Punkte verhandeln, um etwas in die Hand zu bekommen, das Sie am Ende als Tauschobjekt einsetzen können. Das birgt jedoch die Gefahr, den Eindruck zu erwecken, für Vernunftgründe unzugänglich zu sein. Am Ende der Verhandlung könnten dann beide Parteien mit einer Reihe unbedeutender Punkte dastehen, die sie als Manövriermasse vorgesehen haben. Da der „Parkplatz" für die ungelösten Punkte irgendwann geräumt werden muss, sollten Sie ihn nicht um seiner selbst willen anlegen. Wenn am Ende nämlich zu viele ungelöste Punkte übrig bleiben, haben Sie lediglich erreicht, dass die einzelnen Punkte in einer anderen Reihenfolge besprochen werden.

Ausweichmanövern müssen Sie mit konsequentem Auftreten begegnen, um die Verhandlung nach Ihren Vorstellungen zu gestalten. Scheuen Sie nicht eine direkte Auseinandersetzung.

5.5 Zwischen Ausdauer und Zugeständnissen

Ich habe einmal an einer Verhandlung teilgenommen, die an einem Freitagvormittag begann und sich über den ganzen Tag erstreckte. Am Samstag gönnten wir uns eine Pause, doch Sonntagmorgen kamen wir wieder zusammen, machten dann die Nacht hindurch weiter, legten am Montagmorgen eine Pause von ein paar Stunden ein und verhandelten danach weiter, bis wir um elf Uhr nachts schließlich eine Einigung erreicht hatten.

Ausdauer kann sich auszahlen

Wenn die Mitglieder der anderen Partei nicht so ausdauernd sind wie Sie selbst, können Sie sich in eine strategisch bessere Position manövrieren, indem Sie das Tempo aufrechterhalten und Vorschläge, eine Pause zu machen, ablehnen. Sie können das damit begründen, dass die Verhandlungen, die doch gerade so gut laufen, durch eine Unterbrechung an Schwung verlieren könnten. Falls andererseits Sie oder Ihr Team müde werden, müssen Sie eine Pause fordern. Oft wird schon eine kurze Unterbrechung genügen.

Je einfacher, desto besser!

Die alte Taktik, alles möglichst einfach zu halten, ist immer nützlich. Man kann leicht bei einem sehr komplizierten Abschluss landen, wenn man versucht, zu sehr auf die Forderungen der anderen Partei einzugehen. Komplizierte Abschlüsse erfordern natürlich viel mehr Kopfarbeit als einfache. Es wird beiden Seiten schwer fallen, den Überblick über die Verbindungen zwischen den einzelnen Punkten zu behalten – von der Umsetzung ganz zu schweigen.

Das Problem mit dem „Nein"

„Nein" kann das am leichtesten, aber auch das am schwersten auszusprechende Wort sein. Schlechte Verhandlungsführer sagen Nein, wenn ihr Angebot nicht angenommen wird, weil es ihnen an Phantasie fehlt, um andere Lösungen zu entdecken. Schlechte Verhandlungsführer legen sich ihre Bedingungen vorher zurecht. Gute Verhandlungsführer suchen dagegen nach Möglichkeiten, zu einem Abschluss zu kommen.

Von seinen Bedingungen nicht abgehen

Sich vor der Verhandlung festzulegen ist eine eigenständige Taktik. Der Gewerkschaftsvertreter verkündet vor Aufnahme des Gesprächs, dass er sich nicht mit weniger als 5 Prozent abspeisen lassen werde; dadurch macht er einen Abschluss zu ungünstigeren Bedingungen von vornherein unmöglich. Durch solche Aussagen übt man Druck auf die andere Seite aus, riskiert aber, dass es zu keiner Einigung kommt.

Die Erleichterung der anderen Seite ausnutzen

In manchen Verhandlungen zeigt eine Partei am Anfang so viel Härte und Unnachgiebigkeit, dass die Gefahr zu bestehen scheint, dass die Gespräche sich festfahren. Die andere Partei wird glauben, zu keinem Ergebnis kommen zu können, und die Verhandlungen abbrechen. Meldet sich daraufhin der Verhandlungspartner und gibt ein annehmbares Angebot, wird dies aus Erleichterung fast immer sofort angenommen.

Die wichtigsten Strategien und Taktiken betreffen die folgenden Punkte:

- *Überlegen Sie, ob Sie Ihr erstes Angebot an der Unter- oder Obergrenze ansiedeln.*
- *Wollen Sie das erste Angebot machen oder abwarten, was die andere Seite bietet?*
- *Möchten Sie auf Zeit spielen oder schnell zu einem Ergebnis kommen?*

6. Die Nachbereitung

Wissen Sie, warum abgeschlossene Verhandlungen trotzdem noch scheitern können? **Seite 74**

Was ist nach Verhandlungsende konkret zu tun? **Seite 75**

Wie gestalten Sie die weitere Beziehung zu Ihrem Verhandlungspartner? **Seite 77**

Die Verhandlung ist also vorbei – wie ist sie gelaufen? Gab es Fortschritte im Hinblick auf Ihre Ziele, oder haben Sie verloren? Das Ergebnis jeder Verhandlung ist der Ausgangspunkt für die nächste mit diesem Partner. Entscheidungen sind nicht unbedingt unwiderruflich. Zugeständnisse können – auch wenn das die Gefahr mit sich bringt, die Beziehung zu beschädigen – zurückgezogen werden, Vereinbarungen können unterschiedlich ausgelegt werden, die Umstände und Voraussetzungen können sich ändern.

Wenn Sie einen Rückzieher machen

Einen Rückzieher zu machen und erneut zu verhandeln gilt natürlich als sehr unfein, und die andere Partei wird Sie das auch spüren lassen. Sie wird Ihre Ehre und Integrität in Zweifel ziehen, andeuten, dass sie gerichtliche Schritte erwägt usw. Konzentrieren Sie sich jedoch ganz auf Ihre eigenen Interessen, lassen Sie sich nicht emotional erpressen. Wenn Ihnen die Vereinbarung nicht mehr zusagt, wenn Sie sich über den Tisch gezogen fühlen, dürfen Sie keine Angst davor haben, das Geschäft platzen zu lassen!

Machen Sie es der anderen Partei einfach: Begründen Sie die von Ihnen gewünschten Änderungen, bevor Sie ihr erklären, wie die Bedingungen geändert werden sollen. Zeigen Sie Verständnis für ihre Verärgerung und ihre Frustration: „Ich verstehe, dass Sie wütend sind – wir sind auch sehr betroffen darüber, dass die Umstände sich so verändert haben ...“

6.1 Das Verhandlungsergebnis bestätigen

Wie kann man dafür sorgen, dass das vereinbarte Geschäft tatsächlich zustande kommt? Am besten, indem man sicherstellt, dass es keine Missverständnisse gibt. Der Abschluss von Verhandlungen, der anschließende Handschlag und auch die Unterzeichnung eines Vertrags sind noch nicht das Ende, sondern oft sogar erst ein Anfang. Bevor Sie den Raum verlassen, müssen Sie sich vergewissern, dass sich alle darüber einig sind, worüber sie sich einig geworden sind. Falls über einzelne wichtige oder auch unwichtige Punkte noch nicht das letzte Wort gesprochen ist, sollte das schriftlich festgehalten worden sein. Jedem Beteiligten muss klar sein, was er noch tun muss, damit das Geschäft zustande kommt.

Warum abgeschlossene Verhandlungen doch noch scheitern

Die Gründe, warum Vereinbarungen nicht umgesetzt werden, liegen vor allem in drei Bereichen:

1. Einzelheiten – Einer grundsätzlichen Vereinbarung können detaillierte Verhandlungen folgen, bei denen unüberwindliche Probleme zutage treten können. Es heißt nicht umsonst: „Der Teufel steckt im Detail."

2. Scheinlösungen – Manche Verhandlungen laufen unter schwierigen Umständen ab: Die Gespräche ziehen sich schon stundenlang hin, Sie sind müde, und die andere Partei hat jetzt schon zum vierten Mal das gleiche Argument vorgebracht. In einer solchen Situation könnten Sie der Versuchung erliegen, eine

Scheinlösung zu akzeptieren – einer Formulierung zuzustimmen, die das Problem nicht wirklich löst, die es aber ermöglicht, zum nächsten Punkt überzugehen.

3. Fehlende Klarheit – Vielen Vereinbarungen fehlt es, absichtlich oder nicht, an Durchsichtigkeit. Manchmal kann es sogar richtig sein, bestimmte Dinge in der Schwebe zu lassen, dadurch kann aber auch das endgültige Zustandekommen des Geschäfts gefährdet werden.

6.2 Was nach der Verhandlung zu tun ist

- Schreiben Sie auf, worauf Sie sich geeinigt haben: Wer muss wann was tun?
- Berichten Sie den Mitarbeitern, die Ihnen bei der Vorbereitung geholfen haben, wie die Verhandlung verlaufen ist – vielleicht können sie noch nützliche Vorschläge machen.
- Schieben Sie die Umsetzung der erreichten Beschlüsse auf, falls Sie nicht mit ihnen einverstanden sind, um sich die Möglichkeit offen zu halten, sie zu verbessern.
- Falls Sie in einem Punkt Ihre Vorstellungen durchgesetzt haben und Sie in diesem Zusammenhang etwas erledigen müssen, sollten Sie das schnell tun. Auf diese Weise schaffen Sie Fakten und erschweren es der anderen Partei, einen Rückzieher zu machen.
- Überprüfen Sie das Protokoll, und achten Sie darauf, dass es in Ihrem Sinne abgefasst wurde. Falls Sie

Zugeständnisse machen müssen, könnte Ihnen daran gelegen sein, dass Ihre Ansicht schriftlich festgehalten wird. Der genaue Wortlaut des Protokolls kann wichtig sein.

- Halten Sie weiter Kontakt zu Ihren Verhandlungspartnern. Einem von ihnen sollte ausdrücklich die Verantwortung dafür übertragen werden, dass seine Partei die Vereinbarung einhält. Bei Problemen wissen Sie sofort, an wen Sie sich wenden können.

Die Ergebnisse festhalten

Falls am Ende der Verhandlung kein Vertrag geschlossen wurde, sollten Sie aufschreiben, was vereinbart worden ist, und dieses Schreiben so bald wie möglich allen beteiligten Parteien zusenden, um sicherzustellen, dass sich tatsächlich alle einig sind.

 Bestätigen Sie nach der Verhandlung das Ergebnis. Halten Sie alle Punkte, auf die Sie sich geeinigt haben, möglichst schriftlich fest, und lassen Sie Ihre Aufzeichnungen allen Beteiligten zukommen.

6.3 Die weitere Beziehung zum Verhandlungspartner

Dominante Verhandlungsführer sind immer darauf aus, zu gewinnen. Sie verhandeln hart und bekommen so die bestmöglichen Bedingungen. Sie quetschen den letzten Tropfen aus der anderen Partei heraus, für die das Geschäft dann kaum noch annehmbar ist. Ist das aber die beste Vorgehensweise?

Der Verlierer, der sich dem harten Verhandlungsführer beugen musste, wird nach Möglichkeiten suchen, den verlorenen Boden zurückzuerobern. Außerdem wird er besonders scharf darauf sein, es dem Betreffenden, der ihn ja gedemütigt hat, irgendwie heimzuzahlen. So wird die Lieferfirma die kostenlose Beratung, die sie angeboten hatte, zurücknehmen; ein freier Berater wird anfangen, jeden Anruf in Rechnung zu stellen. Letztendlich kann der Verlierer sogar als Gewinner dastehen, weil er sich mehr zurückgeholt hat, als er ursprünglich verloren hatte.

Das Gesicht wahren lassen

Wenn Sie Ihrem Verhandlungspartner eine Niederlage zugefügt haben, sollten Sie ihm in jedem Fall die Möglichkeit geben, sein Gesicht zu wahren. Schon in der Antike galt es im Krieg als ratsam, einer geschlagenen Armee einen Fluchtweg offen zu lassen. Sonst kämpft der Feind angesichts seines sicheren Untergangs nämlich mit aller Verbissenheit, um wenigstens so viele wie möglich mit sich zu reißen. Gestehen Sie Ihrem Verhandlungspartner ein „Pflaster" für seinen verletzten Stolz zu, geben Sie auch ihm etwas. Dann dürfte es leichter sein, zu einer Vereinbarung zu kommen, und diese dürfte danach eher von Bestand sein.

Es kostet Sie sehr wenig, dem anderen nach einer erfolgreichen Verhandlung Respekt zu erweisen. Heben Sie die gemeinsamen Vorteile und die von Ihnen gemachten Zugeständnisse hervor. Brechen Sie nicht in Freudengeschrei aus, und zeigen Sie nicht mit dem Finger auf den Besiegten. Ein hochrangiger Manager, der Firmenübernahmen und -fusionen abwickelt, hat mir einmal geraten: „Seien Sie auf dem Weg nach oben respektvoll, denn Sie können ja nicht wissen, wem Sie auf dem Weg nach unten begegnen werden!"

Die Versöhnung suchen

Nach einer harten Verhandlung sollten Sie versuchen, beschädigte Beziehungen wieder aufzubauen. Zeigen Sie Ihrem Verhandlungspartner, dass Sie ihn respektieren. Diese Wirkung kann schon das Händeschütteln nach einer Besprechung, die nicht ohne „blaue Flecken" abgegangen ist, haben – sofern es aufrichtig gemeint ist. Es ist wichtig, nicht einfach nur ein soziales Ritual zu absolvieren, sondern eine echte Versöhnung anzustreben. Ein solches Verhalten zahlt sich auf lange Sicht aus.

Mit der Einigung ist die Verhandlung noch keineswegs abgeschlossen. Nun gilt es, die Vereinbarungen umzusetzen.

- *Halten Sie Ihre Ergebnisse schriftlich fest, und beginnen Sie schnellstmöglich mit der Verwirklichung.*
- *Versuchen Sie, in jedem Fall eine gute Beziehung zu Ihrem Verhandlungspartner aufzubauen. Erweisen Sie ihm immer Respekt.*

Register

Aggressionen 31 ff.
Aktives Zuhören 46 f.
Angebot, erstes 64 f.
-, hypothetisches 66
-, letztes 14 f.
Ausdauer 69 ff.
Ausweichmanöver 67 f.
Bedingungen 40
Berater 30
Drohung 33 ff.
Druck 33 ff.
Empathie 46
Eröffnungsrituale 25
Feedback 46
Fragen 49 ff.
Frist 41 f.
Gegenleistung 37 f.
Interessen, gemeinsame 29 f.
Kommunikations-
störungen 52 ff.
Körpersprache 31, 55 ff.
Missverständnis 52 f.
Nachbereitung 73 ff.
Neue Person hinzuziehen 36
Notizen 47
Obergrenze 61 ff.
Pause 20, 70
Protokoll 75 f.
Rangordnung 28
Reaktion, sofortige 65 f.
Rückzieher 73
Salamitaktik 40 f.
Scheitern von
Verhandlungen 74 f.
Sitzordnung 28 f.
Spiel auf Zeit 67 f.

Sprechen 25 f., 48 ff.
Strategie 21 f.
Tagesordnung 20, 26 f.
Taktik 21, 65 ff.
Täuschungen, absichtliche 31
Toter Punkt 35 ff.
Übereinkunft 9 f.
Ultimatum 33 ff.
Ungelöste Punkte 68 f.
Untergrenze 61 ff.
Verhandlungsbeginn 25 f.
Verhandlungspaket 67
Verhandlungspartner 16 ff.
-, Beziehung zum -
16 f., 42, 76 ff.
-, Ziele des - 17 f.
Verhandlungsraum 19 f., 28 f.
Verhandlungstempo 37
Vermittler 30
Verständnis,
gegenseitiges 53 f.
Vorbereitung 19 ff.
Zeitdruck 41 ff.
Ziele festlegen 13 f.
Zugeständnis 31, 36, 37 ff., 63
Zuhören 45 ff.

Zu diesem Themenkreis
sind bereits erschienen:

 Alan Barker:
30 Minuten bis zur effektiven Besprechung

ISBN 3-930799-80-4

 Elizabeth Tierney:
30 Minuten für erfolgreiche Kommunikation

ISBN 3-930799-83-9

 Helga Schuler:
30 Minuten für erfolgreiche Business-Telefonate

ISBN 3-930799-97-9

 Jörg Wurzer:
30 Minuten für beruflichen Erfolg mit emotionaler Intelligenz

ISBN 3-930799-92-8

 Jane Smith:
30 Minuten für die richtige Entscheidung

ISBN 3-930799-82-0

Jeder Band:
DM 9,80 / öS 72 / sFR 9,80

Fragen Sie in Ihrer Buchhandlung nach weiteren Bänden dieser Reihe, oder fordern Sie einen Verlagsprospekt an:

GABAL Verlag
Schumannstraße 161, 63069 Offenbach
Tel.: 069/840003-22; Fax: 069/840003-33